哲学のたねを蒔《ま》く学校

アマビエさん東洋大学京北中学高等学校へ

プロローグ　アマビエさんと円了先生の出逢《であ》い

わたしはアマビエ。

この世では「妖怪《ようかい》」と呼ばれているらしい。

あの日、この世界に来てから何年がたったのだろう。

広まりはじめた疫病《えきびょう》は、あっという間に世界中の人々の日常を損《そこ》なっていった。

明日が見えない暮らしの中で、人々は感染《かんせん》におびえ、お互いの関わりを減らしていった。

「わたしの姿を絵に描いて見せれば、病気が治るだろう」

江戸時代に海に現れたという妖怪・アマビエの言葉が再び世の中に広まり、わたしは突然忙しくなってしまった。みんなの期待を背負《せお》って疫病を封じる仕事は困難《こんなん》を極《きわ》めたけれど、それ以上に、わたしは人間の生き方を見る機会を得ることができた。

さまざまな職業《しょくぎょう》の人が懸命に自分の仕事に向き合い、人のために尽くし、より良く生きる方法を模索《もさく》することを忘れていなかった。

――人間は弱いように見えて、とても強いと感じた。

わたしがここで何年か過ごしながら見たものは、疫病の蔓延《まんえん》以外にも地震などの大災害《だいさいがい》、温暖化《おんだんか》による気候変動《きこうへんどう》、戦争《せんそう》……。それ以外にもこの世界の環境は、生きていくうえで年々厳しくなってきていることを知った。

子どもたちの生活も大きく変化した。一時期は学校が休みになり、友達とおしゃべりすることも禁止され、他人と触れ合うことがすっかり減ってしまった。お互いの気持ちや意見を言い合う機会も少なくなった。本当は生きていくうえでとても大事なことなのに。

人間は、これらの問題をどうやって乗り越えるのだろう。疫病が収まっても、この世の未来に希望はあるのだろうか。

「おや、あなたはアマビエさんだね」

優しい声が聞こえる……。

「あ、円了先生！」

「アマビエさん、疫病封《ふう》じのお仕事、大変だったね。もう海へ帰るの？」

「はい……そろそろ戻ろうかと思っています」

「なんだか、とても疲れているみたいだね」

「疫病はだいぶ封じることができたけれど、これからの人々のことが心配で、ここにいると不安ばかりがつのるのです」

「人間の世界は複雑《ふくざつ》だからね……。ところで、明日、私はある学校を見に行こうと思っているんだ。哲学する学校なんだよ」

「哲学する学校……?」

「そう。明日はその生徒たちの発表があるんだけれど、アマビエさんも行ってみませんか。きっと元気が出るよ」


「哲学する学校」??　それは一体、どんな学校なんだろう……。

時は現代
妖怪アマビエはこの世の厄災《やくさい》と戦っていた!!
うぉおお!!
ばさ
ばさ
次から次へと問題が起きる
ふんそう
コロナ
じしん
人の未来に希望はあるのかぁ!?
アマビエさんお疲れ様!!
この声は!?
井上《いのうえ》円了《えんりょう》先生!!
やぁやぁ!!
これからとある学校に行くところなんだが
ずず
一緒にどうかね
哲学する学校と言われてる
きっと元気がもらえるぞ!!

【本書に出てくる登場人物】

アマビエさん

江戸時代に海に現れたという妖怪《ようかい》。豊作《ほうさく》と疫病《えきびょう》の流行を予言し、「疫病が流行ったらわたしの写し絵を人々に見せよ」と言って海中に姿を消したと言われている。令和になり、感染症を収めるために地上に再び現れたものの、次々に災いが起きてしまい、帰るタイミングを失っている。

井上円了先生

明治時代《めいじじだい》の哲学者《てつがくしゃ》であり、教育者《きょういくしゃ》。日本に哲学を広めた人物の一人。世の中の迷信《めいしん》を疑い、妖怪の研究にも励《はげ》んだ。明治20年（1887年）に「私立哲学館《しりつてつがくかん》」（現・東洋大学《とうようだいがく》）を創立《そうりつ》。明治32年（1899年）には東洋大学《とうようだいがく》京北《けいほく》中学高等学校の前身《ぜんしん》となる「京北尋常《けいほくじんじょう》中学校」を創立した。

目次

第2章　アマビエさん、哲学を体験する

第3章　教室を飛び出して学ぶ東洋大京北生たち

第4章　東洋大学京北中学高等学校の現在と未来

第1章

哲学する学校

★「哲学《てつがく》の日」をレポートするよ！

アマビエさんは、目を覚ましました。

数年間に及ぶ疫病封《えきびょうふう》じの仕事で疲れ切っていたアマビエさんは、昨夜どこかで倒れて眠ってしまったようです。夢に現れたのは、アマビエさんが最も敬愛《けいあい》する妖怪博士《ようかいはかせ》、そして哲学者《てつがくしゃ》である井上円了《いのうええんりょう》先生でした。円了先生は京北尋常《けいほくじんじょう》中学校の初代《しょだい》校長でもあるのです。

今日3月18日は、その円了先生の誕生日。

東洋大学京北中学高等学校《とうようだいがくけいほくちゅうがくこうとうがっこう》ではその日を「哲学の日」と名付け、さまざまな取り組みを発表する日なのです。円了先生はそれを見に行ってごらんと教えてくださいました。

東京って広い。円了先生に教えてもらった場所へたどりつけるかな……。
地下鉄《ちかてつ》に乗って「白山《はくさん》」という駅で降りた。「改札《かいさつ》」という場所を通り過ぎると、同じような服を着た若い人たちがたくさん立っている。多分、今から行く学校の生徒さんたちだ。みんな若くて、そして姿勢《しせい》がいい。
わたしの虹色《にじいろ》のウロコも自慢《じまん》だけれど、みんなの服もなかなかいい！
今日、生徒さんたちが向かう東洋大学へ誘導しているのかな、腕章《わんしょう》をした大人の人も立っている。

階段を上がって地上に出てみると、外は強い風が吹いていてとても寒かった。それでも若い人たちは、寒さをものともせず元気に歩いている。何人かずつ連れ立っておしゃべりしながらどこかに向かっている。元気な姿を見て、わたしも力がわいてきた。
「哲学の日」の発表は、東洋大学の井上円了《いのうええんりょう》ホールで行われるという。

東洋大学で迎えてくれた井上円了先生（銅像）

大学に着くと、大きな銅像《どうぞう》が立っていた。そのお顔は、昨日出会った円了先生！

昨夜、夢でお会いしたときと同じ優しいお顔でここへ来るみんなを見守っているんだね。

広いホールに入ってみると、たくさんの生徒さんたちと先生方が発表の準備をしている。

会場は熱気《ねっき》にあふれていた。

マイクの音の大きさを調整《ちょうせい》したり、発表の順番《じゅんばん》を確認《かくにん》したり、先生も生徒さんたちも忙しそうに動き回っている。始まる前から何だかわくわくしてきたよ！

「哲学の日」は、毎年3月18日頃に行われる東洋大京北の一大行事

プログラムを見ると、とてもいろいろな取り組みがあるみたいだ。

午前中は高校生の発表。

まず、校長先生のお話から始まった。

校長先生は、「哲学が好きで得意《とくい》になれるよう頑張っているが、いまだその域《いき》には達していません」とおっしゃっていた。

えっ⁉　この学校は哲学する学校と聞いてはいたけれど、生徒さんだけでなく、校長先生も日々問い続けているということなの？

アマビエさんは姿勢《しせい》を正して、ステージを見つめました。

次に、「哲学エッセーコンテスト」の表彰式《ひょうしょうしき》が始まった。

この学校では、中学1年生から高校2年生まで全員が哲学エッセーを書くことになっている。自ら問いを立て、考え、自問自答《じもんじとう》をくり返し、仲間と対話しながら練り上げていくエッセーであり、これを書くことで哲学の学校にいることを意識する。その、さまざまなテーマで書かれたものの中から入賞した作品がこの日表彰《ひょうしょう》される。受賞者《じゅしょうしゃ》は、壇上《だんじょう》で大きな

ここで、哲学エッセーコンテストの受賞式が行われる

表彰状《ひょうしょうじょう》をもらっていた。

受賞者へのインタビューが始まった。

ステージに出てくる生徒さんの様子はみんな笑顔でリラックスした感じだ。会場のみんなも、哲学エッセーの内容をよく読んでいるみたいで、質問者は作者にそのテーマを書いた経緯《けいい》や思いについていくつかの質問をしていた。

やり取りを見ていると、哲学エッセーの作者は、聞かれた質問の内容をじっくり考え、時にはもう一度質問を聞き直して、そして慎重に答える。簡単には答えないことにまずびっくりした。質問者もじっと黙って答えを待っている。時が止まったように感じた。どうなるのかな、答えが見つからないときはどうするのかなとどきどきしてしまった。でも、受賞者は、安易に答えず考えてから答えていた。これは結構すごいことだ！

問う、考える、待つ。

考える、考え続ける、応える。

「哲学の日」の司会進行も生徒が行っている

また考える……。

「哲学する学校」ではこんな姿が日常なのかな。

続いて、高校での取り組みについての報告が始まった。刑事《けいじ》裁判《さいばん》傍聴《ぼうちょう》学習会、（136ページ）、坐禅《ざぜん》体験（142ページ）、哲学ラボ（154ページ）など、哲学する学校らしい取り組みの報告は動画や楽しいパフォーマンスで、とても興味をひかれたよ！

日銀元総裁の白川さんが特別に講演をしてくださった

次に、この第9回「哲学の日」のお客さま、日銀元総《にちぎんもとそう》裁《さい》、白川方明《しらかわまさあき》氏の講演が始まった。

「にちぎんもとそうさい」……って何だろう。

人間の社会には「お金」というものがあって、それをコントロールする機関《きかん》、日本銀行《にっぽんぎんこう》の最高責任者《さいこうせきにんしゃ》なんだって。白川さんは、東洋大学京北中学高等学校のある文京区にお住まいで、生徒さんたちを身近に感じて特別《とくべつ》に講《こう》演《えん》に来てくれたそう。

白川さんから高校生へのアドバイスは、「好奇心《こうきしん》を持つ」、「謙虚《けんきょ》さを持つ」、「自分の意《い》思《し》を発見《はっけん》する」、ということだった。

好奇心を持っていろんな人に会う。本を読む。知識《ちしき》をもらう。それによってさまざまなことを結び付けて考えられるようになる。そうすると相手の立場、心の動きを想像《そうぞう》でき、共感《きょうかん》できる能力が高まる。その経験によって知識が深まると、自分の知識がいかに限られたものであるかがわかり、謙虚さが生まれるんだって。

白川さんと高校生とのディスカッションも活発に行われた

意思を発見するのが大事なのは、意思がなければチャンスが訪れても気付けないから。同時に自分の意思だと思っていたことも、実はさまざまな偶然《ぐうぜん》の出来事の結果かもしれない。好奇心と謙虚さを身につけて、視野《しや》や出会いのチャンスが広がれば、自分自身の意思を発見することができるそうだ。

最後に、グローバル化が進むこれからの世界で専門的な知識を身につけるために、外国語《がいこくご》、特に英語《えいご》をしっかりと勉強したほうがいい、というアドバイスがあった。

白川さんのお話が終わった後、生徒さんたちからの質問と活発なディスカッションの時間があり、午前の部は終わった。
大きな仕事を成し遂《と》げてもなお謙虚な心、そして、たくさんの経験から得た静かな自信をたたえた白川さんの姿は、高校生のみんなの心に目標のたねを蒔いたように見えた。

高校生のみんなが発表を終えて帰っていくと、ホールは急に静かになりました。
アマビエさんは、誰もいなくなった座席を眺めながら、少し休憩することにしました。

この世の中には、こんな学校があるんだ……。
そして、「哲学する学校」と聞いていたけれど少しも難しい感じはしなかった。
生徒さんたちが、自分の頭で考えること、自分の力で行動することによって成長していく姿が目に見えるような熱気《ねっき》のある時間だった。
午後の発表も楽しみだな。しっかり聴くために何

アマビエさんも興味津々

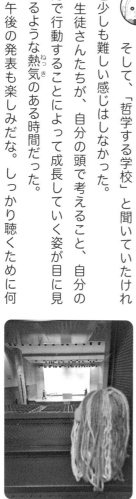

か元気が出るものを食べよう。

円了先生はあんパンが大好きで、一度に20個も食べたんだって。すごいね！

少しすると、午後の発表をする中学生のみんなが集まってきた。

あれ？　さっきの生徒さんたちよりひと回り小さい感じ。人間って心だけでなく、身体《からだ》も大きくなるんだね。たった2～3歳《さい》しか違わないのに、すごいなあ。

中学校では、毎週土曜日の時間割に「哲学《てつがく》」が入っているそうだ。今日は、中学1・2・3年生の各クラスの哲学委員《てつがくいいん》が今年度の取り組みを発表していくみたいだよ。

東洋大学京北中学校の哲学の授業は「他者《たしゃ》と自己《じこ》」「自己」「自己と社会」というテーマで、学んでいくのが特徴《とくちょう》。

つまり、「私は家族の中にある」「家族は日本社会の中にある」「日本社会は国際社会《こくさいしゃかい》の中にある」「国際社会は自然環境の中にある」……そのすべてが良好でなければ「私の幸福《こうふく》」も実現《じつげん》しないという、俯瞰《ふかん》する力を段階的《だんかいてき》に身につけることを目指《めざ》しているんだって。

・中学1年生のテーマ「他者と自己」の発表

他者との対話《たいわ》を丁寧《ていねい》に重ねることで深く学んでいくって、どんな感じなのかな。

ヒーローについて考えたというクラスの発表が始まったよ。桃太郎《ももたろう》の話を題材《だいざい》にして、本当の正義《せいぎ》とは何かを考え、鬼《おに》と桃太郎がどちらも平和に暮らせる世の中をクラスみんなで考えたという。

中学１年生の哲学授業発表。テーマは「他者と自己」

なるほど！　鬼には鬼の「立場《たちば》」がある。鬼にも「大切な家族」がいて、暮らしている島を守らなければいけなかったんだ。

物事《ものごと》の視点《してん》を変えてみることで、考え方の世界は一気に広がるんだね。

中学1年生のみんなにとって、自分の中で今まで持っていた考えとは違う見方をするという経験《けいけん》は、「自分の考えが間違《まちが》っていたのではないか」と疑えるようになった大きな出来事だった。さらに深く考えていくきっかけができたんだね。

ちなみに、この取り組みは、2つのクラスが合同で行い、普段とは違う仲間と交流することで、関わったことのなかった人とも話すことができたという。初対面《しょたいめん》の子とすぐに話ができず、空気が重くなってしまったこともあったけれど、コミュニケーション能力《のうりょく》が伸びた、という感想もあった。

最初は戸惑《とまど》うことがあっても、一年経《た》ったみんなの様子を見ると、とてもいい雰囲気《ふんいき》。クラスを越《こ》えて人と接《せっ》するのは、きっと成功《せいこう》しているんだね。

・中学2年生のテーマ「自己」の発表

2年生のみんなは「自己」についてより深く考察《こうさつ》する。

モチベーショングラフというものをもとに、クラスで哲学対話《てつがくたいわ》を行ったそうだ。

横軸《よこじく》が「自分の人生」。生まれてから今日までの大きな出来事を書く。
そして、縦軸《たてじく》に、横軸で書いた出来事の「モチベーションの振《ふ》り幅《はば》」を印で入れる。その点を結ぶとできるのが、モチベーショングラフ。

この取り組みの発表があったよ。

「自分の楽しかったことをみんなの前で話すのはいいんだけれど、つらかったことを話すのはとても恥《は》ずかしかった。でも、話したら気持ちが楽《らく》になった」

「先生のモチベーショングラフを見たら、先生もつらいことがあったんだとわかった。それで自分も話すことができた」

「小学生の頃、イヤなあだ名で呼ばれていて嫌《いや》だった。中学ではそんなことがないので良かった。今、学校がとても楽しい」

「大人でも、これまで大変なことがあり乗り越えてきたことがわかり、自分も頑張ろうと思った」

みんなはしっかりと自己を見つめることで、同時に他者の人生にも触《ふ》れる機会《きかい》を持ったんだね。

他にも、出生前診断《しゅっしょうまえしんだん》についてNHKの番組を見てみんなで考える時間もあったそうだ。

「科学技術《かがくぎじゅつ》の発展《はってん》により、出生前に子どもの障《しょう》がいについ

中学2年生の哲学授業発表。テーマは「自己」

て診断《しんだん》できるようになった。検査《けんさ》をするかしないかは親が判断することであるが、陽性《ようせい》だったときにどう判断したらよいか。友達の意見を聞くといろいろな考え方があることがわかった」

「生命は神にゆだねるべきなのか。あるいは人間が手を加えてもよいのだろうか。その人が一生懸命《いっしょうけんめい》考えて決めたのであれば、その判断は正しいのではないか」……

重いテーマに向き合って、問い、考える。そして対話する。

たとえ答えの出ない難しいテーマであっても、やわらかい心で感じ、考えたことは、みんなの人生の軸《じく》をつくっていくような気がしたよ。

・中学3年生のテーマ「自己と社会」の発表

3年生は、自分の考えていることが社会とどう結びついているのか、また結びつけることができるのか、そして結びつくことにどのような意味があるのかについて、さまざまな観点から考えてみたそうだ。

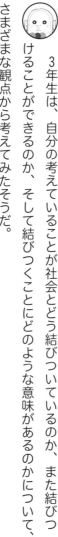

今年度学んだテーマは「ジェンダー社会」「人間の社会性と動物の社会性について」「ヒトの社会の在り方とは」など。

「常識《じょうしき》を疑《うたが》う」というテーマでは、日頃から当たり前と思っているような事柄について疑いを持ち、それについて改《あらた》めて考えてみたそうだ。常識を一つ挙《あ》げ、それをみんなで共《きょう》有《ゆう》し、意見交換《いけんこうかん》することができたそうだ。

中学3年生の哲学授業発表。テーマは「自己と社会」

今日は会場のみんなにもクイズを出したりして、今年度学んだ授業テーマについて一緒《いっしょ》に考えた。発表するだけではなく会場を巻き込んでの発表はさすが3年生だ。

この後、午前中と同様に哲学エッセーコンテストの表彰が始まった。

受賞者インタビューはクラスを越えた友人がインタビュアーとして登場した。「クラスは違うけど親友《しんゆう》です！」と言っている人が結構《けっこう》いた。「大親友としてとても誇りに思います」と受賞者をたたえる姿が素敵《すてき》だった。友達、仲間っていいな……。

哲学エッセーコンテスト受賞者へのインタビュー

表彰式の後、会場のみんながメッセージカードに記入する時間があった。気に入った哲学エッセーを選んで、作者《さくしゃ》に感想などを書き込んで送る。人からの意見《いけん》やメッセージをもらうということはとても励《はげ》みになると思う。同じ学校で同じように哲学の時間を過ごしたからこそ、感度《かんど》が高いのかもしれない。
カードに手書きでメッセージを書くのもいいいな。SNSへの「いいね」よりもきっといい。

受賞者へのインタビューは、友人が行うので楽しい雰囲気

最後は副校長《ふくこうちょう》先生からの講評《こうひょう》があったよ。

「始まってから約2時間。皆さんはどんなことを考えたのでしょうか。私もいっぱい考えるヒント、材料《ざいりょう》がありました。哲学の時間は、実は教員も悩みながら進めているのです。

何か疑問《ぎもん》を持って問いを立てて一生懸命考えると、広がると同時に深まっていく。

たくさん考えて広げる、深めるということが大事です。

哲学エッセーコンテストで賞状をもらった人たちが、しっかり自分の意見を言えていたのは考えが深まったから。こういう経験をどんどん積《つ》んで成長《せいちょう》していってほしいと思います。

中1から中3にかけてどんどん視野《しや》が広がっていきます。それがうちの学校の哲学の成長なのです。考えて考えて考え抜くことによって、違う視点から問題を解決《かいけつ》できることもあるのかもしれません。一緒に考えていく中で、人との関わりも出てきます。来年も、ぜひ考えるということを頑張っていただきたいと思います」

副校長先生が中学生のみんなに問いかけた言葉は、わたしの心にも強く響《ひび》いた。現代は、考えなくても情報はすぐに手に入る。でも、自分で考えなければ前に進めないときが必ず来る。だから「頑張って考える」「考えることを頑張る」それは、とても大切なことなのかもしれない。

アマビエさんは、まっすぐに前を見つめました。
大きな赤い文字で「考える」と書いたカードを掲《かか》げて、副校長先生が強調《きょうちょう》されたこと。

「考《かんが》える」

アマビエさんは、この学校のみんなが目指していることをもっともっと知りたいと思いました。
東洋大京北の哲学、学びを体験して、考えることを頑張ってみたいと思いました。

一日かけて、たくさんの生徒が哲学に取り組んだ成果を発表した

「哲学の日」会場の様子

★校長先生、こんにちは！

「哲学の日」を見に行ったアマビエさんは、東洋大学京北中学高等学校が進めている哲学の時間にすっかり魅了《みりょう》されました。そして、生徒さんたちともっと一緒に過ごしてみたいと思いました。妖怪も学校に入れるでしょうか……。星野純一郎《ほしのじゅんいちろう》校長先生にお願いしてみることにしました。

アマビエ：校長先生、はじめまして！
星野：おっ、あなたは妖怪のアマビエさん！
アマビエ：哲学に興味《きょうみ》を持ってしまった妖怪です。どうぞよろしくお願いします！
星野：そうなんですね。よく来てくれましたね。

アマビエ：星野《ほしの》先生のこと、東洋大学京北中学高等学校のみんなのことを教えてください。

星野：僕がこの学校に来たのは2018年4月。当時は副校長でした。3年間副校長を務め、2021年から校長をしています。この学校に来てまず驚《おどろ》いたのは、入学式の前日でした。「会場の準備、今からやるよ」って声が掛《か》かったら、ほぼ全員の教員が、さーっと体育館に行って、みんなであっという間に会場をつくってしまいました。1時間もかからず30分くらいで準備完了。つまり、みんなが一緒に同じ方向で動いていた。そういう集結力《しゅうけつりょく》というのか団結力《だんけつりょく》というのか、そこにびっくりして、京北の良さを感じました。長年一緒にいる教員同士の人間関係があるからなのかもしれないと思いました。そして、自分のように新しく来た者は、最初はみんなにくっついているだけかもしれないけれども、そのうち同じようにやっていけるような、そんなところがあるのではないかと思いました。

アマビエ：わたしも先生方の雰囲気《ふんいき》が明るくて居心地《いごこち》の良さを感じました。校長先生は生徒さんたちとはよくお話しされるのですか？

星野：この学校の良いところは、先生と生徒の距離《きょり》が近いことです。生徒たちは文化祭や行事のときに、校長の私まで仲間に加えてくれるのです。文化祭の動画《どうが》をつくるときに、私が跳《と》び箱《ばこ》から飛び出てくるシーンを撮《と》ったのですが、若い生徒たちと同じようには動けなかったときに、支えてくれたり、さりげなく気遣《きづか》ってくれたりして。当たり前のことかもしれないけれど、そういう優《やさ》しさが東洋大学京北中学高等学校の生徒たちにはあると感じます。修学旅行に行っても、生徒たちが一緒に写真を撮りましょう！　と言ってくれる。非常《ひじょう》に親しみやすいというか、生徒たちから近づいてきてくれる温かさみたいなものを感じていますね。

アマビエ：確かに、「哲学の日」におじゃましたときに、先生、生徒さんの距離が近くて、家族のような雰囲気があると思いました。何がそうさせているのでしょうか。

星野：それは、「哲学する学校」だからです！

アマビエ：えっ、哲学することで、人間は仲良くなれるのですか？

星野校長先生との記念写真

星野：お互いが相手の懐《ふところ》に飛び込んで、フラットな関係で一つの課題について対話する。先生と生徒たちは毎日のようにそういう経験を積んでいるから、家族みたいなのかもしれませんね。

アマビエ：そうなんですね。校長先生は哲学が好きですか？

星野：実は……ここに来るまでは苦手だったんですよ。

アマビエ：そうなんですか？

星野：なんか難しいこと覚えなきゃいけないのかな、嫌だな、とね。でも、着任した日の午後に起こったことなんですけれども、早速《さっそく》、哲学研修《てつがくけんしゅう》というのがあったんです。何をやらされるのか、どういうことやるのか、ドキドキしながら行ってみました。そうしたら、「まず自分でこのテーマを考えましょう。次に隣にいる人とそれを分かち合ってください。そしてもう少し人数の多いチームで話をしてください」と。「そこで出てきたこと、自分が思ったこと、周りの人が言ったことでもいいですから付箋《ふせん》に書いて貼ってください」と。つまり、そういうふうにして一つひとつの問題を掘り下げていくことが哲学なんだと知りました。

自分たちで問いを立てて、より良い生き方をしていくためにはどんな方法があるかをみんなで考えていく。非常《ひじょう》に取っかかりやすい、入りやすい、そして結構楽しい、それが東洋大京北の哲学なんだなと。今まで習ってきたいわゆる「哲学」と全く違うなと感じました。哲学の印象がガラッと変わったのです。怖い、難しい、というものから、やさしい身近なものにすぐに変わったのです。

アマビエ：哲学は身近なものと考えていいんですね！「哲学の日」にはいろいろな取り

組みを見せていただきました。そして、わたしも、哲学って楽しそう！　と思いました。

星野：みんな最初は難しいものだと思うのですが、そうでもないんですよ。私は「人間はいつでも生まれ変われる」「どんな自分にもなれる」と考えています。自分がこれをやりたいと思えばそういう自分になれる。だから、まず一歩を踏み出してみるのはいいことです。アマビエさんもぜひ哲学をやってみてください。そして、生徒たちや教員と一緒に、哲学することを存分《ぞんぶん》に楽しんでくださいね！

アマビエ：はい！　ありがとうございます！

アマビエさんがお礼を言うと、校長先生は生徒さんとおそろいのしましまリボンと資料室《しりょうしつ》の鍵《かぎ》をくださいました。今日からみんなと一緒にいろんな体験ができる……。アマビエさんは楽しみができたことで、背負っていた不安や疲れが少し軽くなった気がしました。

校長先生は「人間はいつでも生まれ変われる、どんな自分にもなれる」とおっしゃっていた。妖怪も成長できるのかな。

人間に負けないよう、わたしも哲学してみたい！

第2章

アマビエさん、
哲学を体験する

★ワクワク！初めての「哲学」の時間

アマビエさんは、早速、授業を体験してみることにしました。

今日は中学1年生にとっての初めての哲学の時間。1年生はまだ入学して5日しかたっていないそうだ。少し緊張《きんちょう》気味《ぎみ》の生徒さんたちが視聴覚室《しちょうかくしつ》に集まってきた。そっとのぞいてみるよ！　わたしもドキドキしている。

F先生：今日は、皆さんに生徒手帳を持ってきていただいています。それを使いながらみんなと勉強したいと思います。さて、この方はどなたでしょうか。

生徒：「井上円了《いのうええんりょう》！」

視聴覚室で行われた中学1年生最初の「哲学」の授業

F先生：大正解。哲学者の井上円了という方がこの学校をつくりました。これから哲学の勉強を始めていきますが、皆さんが哲学の時間に対話などいろんなことをしていくうえで心にとめておいてほしいことをお話ししますね。手帳の書きやすいところに書いてください。

「人を傷つけない限《かぎ》りは何を言ってもOK」

「哲学とはより良く生きる（幸せに生きる）ために、自分と社会を改善《かいぜん》する学問」

「諸学《しょがく》の基礎は哲学にあり」

アマビエさんはメモをしながらこれらの3つのことについて考えてみました。

そうか。意見が違うこと、人と違うことは大事なことだけれど、だからといって**人を傷つけることは言ってはいけない**。それをまず心にとめておくことが大事なんだね。

2つ目の、「より良く生きる」って何だろう……？　円了先生の哲学は、**より良く生きる、そのために自分と社会を変えていこう**、ということだ。一般的な哲学は、ものを考えるというところで終わるけれど、円了先生のすごいところはそれを実行しようとしたところなんだね。**「より良く生きる」というのは、つまり「より幸せになるために生きる」ということ**なのかな。

それから、**「諸学の基礎は哲学にあり」。全ての勉強、活動はより良く生きるためのもの。**「学校での勉強はより良く生きるため」という視点で勉強したら、それは未来学になるんだって。

F先生：皆さんは中学生になってやりたいことは何ですか。

生徒：「勉強したい」

生徒：「勉強と部活動《ぶかつどう》を両立したい」

F先生：素晴《すば》らしいですね！　でもね、そのためにまずしてほしいことは、みんなで遊ぶことです。人間には居場所《いばしょ》が大事なんです。もし学校の中に居場所がないとワクワクしないし楽しくならない。だからみんなには、クラスじゃなくても部活でも委員会でもどこかに自分の居場所、ほっとできるところをつくってほしいと思います。それによって学校に行きたくなる。そうすると勉強も進んでいく。居場所のある子は強いです。なぜかというと、多少失敗したって何か言われたって、帰る場所があるんですから。

　中学1年生の哲学テーマは「他者と自己」なので、周りのお友達、周りの人たちと自分の関係について勉強します。鏡を見ないと自分だってわからないでしょう。それと同じで他人と付き合って初めて自分がわかってくる。だからまず他者と自己から始まるのです。2年生では「自己」について深め、3年生

初めて聞く言葉がたくさん。メモをとりながら真剣《しんけん》な表情

同じ誕生月の人を探してペアになる。身振り手振りだけで相手を見つける

ではもうちょっと広い範囲《はんい》「自己と社会」について考えます。なぜならばみなさんは社会の中で、また家族の中で、学校の中で存在している。みんなとうまくいったほうが人生を楽しめますからね。

では、少し体を動かしましょう。先生たちが白い紙を持っているので、哲学委員はそれをもらってクラス全員に配布してください。

みなさんは、この紙に「東洋大京北中学校に入学して驚いたこと、うれしかったこと、悲しかったこと」を1分で絵に描いてください。

描けたかな？　それでは、クラスに関係なく、ペアをつくりましょう。2分の間に自由に動いて、同じ誕生月の人を見つけてください。そして椅子《いす》を持って移動し、背中合わせに着席《ちゃくせき》してください。ただし、その際にはしゃべらない。しゃべらないで同じ誕生月の人を見つけることができるかな。頭を使ってね。身振《みぶ》り手振《てぶ》りもいいですよ。

どうしてもペアが見つからない場合は先生に言えばサポートをしてくれますよ。

では、ペアができたら、背中《せなか》合わせに座って机をセッティングしましょう。今度は言葉を使っても構《かま》いません。

二人のうち、誕生日が早い人をAさん、遅い人をBさんとします。Aさんは自分の描いた絵を見せないで、言葉だけで内容をBさんに伝えてください。Bさんはそれを聞いて、紙の裏にそれを再現します。できるかな。

できたら、今度はAさんとBさんが交代です。

それでは、答え合わせをしましょう。

合っていましたか？

では、元の席に戻る前に、ペアになった人と「私

「中学校に入学して驚いたこと、うれしかったこと、悲しかったこと」を伝えるワーク

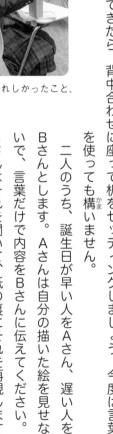

は何組の誰《だれ》です」とお互い自己紹介をして「6年間よろしくね」と言いましょう。

アマビエさんは、みんなが「よろしくね」と言い合っている姿《すがた》を見て、心が温かくなりました。小さな信頼《しんらい》が少しずつ築《きず》かれていく様子が、目に見えるようでした。

F先生：さて、このスライドを見てください。これは、自分がお花畑に行った風景をイメージして描いた絵です。だけど、何かおかしいところがありませんか。お花畑に行ってお花を見ている絵だけれど、自分の姿も描かれている。自分から自分が見えるわけはないのに。

ここで気付いてほしいのは、人間って一人ひとりがいろんな角度《かくど》から勝手にいろんなことを見る、ということなんです。

そこで質問です。

質問1　人間は他人《たにん》を完全に理解《りかい》することはできますか

お花畑のスライド（イメージ）

質問２　人間は他人を理解する努力をすることができると思いますか

みなさんはどう思いますか。手帳に自分の考えを書いてみてくださいね。

人というのは勝手な思い込みでものを見ているし、他の人を完全に理解することは難しい。でも、他の人を理解することに努めることはできると僕は思います。そして、自分は理解していなかったんだなと、相手の立場に立って居場所をつくることはできるんじゃないかと思うのです。

もし、相手がどう考えているのかわからないときは、嫌いになるのではなく、直接聞いてみてはどうでしょうか。不安になったら声をかけます。自分とみんなの居場所をつくるチャンスを逃さない。それがいいんじゃないかなって僕は思います。

知識《ちしき》を増やして自分と社会を改善《かいぜん》してみる。それは哲学のねらいでしたね。これから6年間かけて、いろんな知識を増やし、そして、より良い生き方を探していってください。東洋大京北にはそのための機会がたくさん用意されています。

では、これで第1回目の哲学の時間を終わります。


アマビエさんは、集中のあまり息をするのを忘れるほどでした。

45分間、みんなの集中力もすごいし、先生の言葉はじーんと心に響きました。

さっき、この部屋に集まってきたばかりの1年生は緊張《きんちょう》気味《ぎみ》だったのに、今はすっかりリラックスしているように見えました。

まさに、今日この時間から、みんなの哲学が始まったんだね。居場所はきっとつくれる。みんなの学校生活は絶対楽しいものになる!

東洋的全体観と東洋大京北中高カリキュラム（時空間）

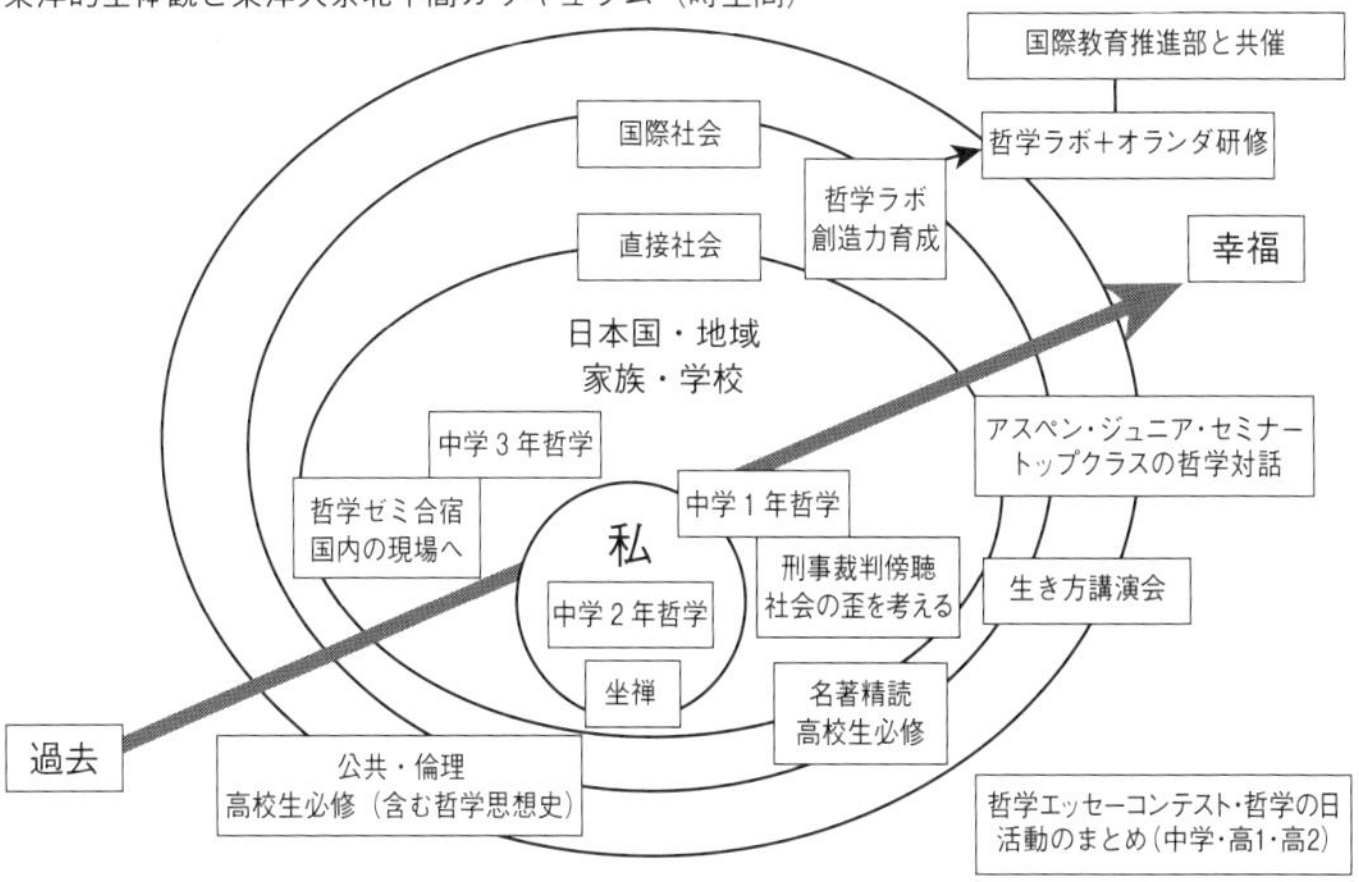

「東洋」の名を冠した本校では、東洋的全体観の考えとして以下のプログラムを実施する。

・「**自己**」…他者・社会や自然環境という「全体」との良好関係が築かれるなかで幸福に近づく
・「**全体観**」…物事を対立させずに共生方向を考える東洋古来の思考様式
・「**坐禅**」…自己脳を自己脳のためだけに活動させ視野拡大・思考深化をめざす東洋的鍛錬
・**中学の「哲学」**…自己を中心に、他者と社会という「全体」との関わりを考えていく授業
・**高校の「公共・倫理」**…原理としての哲学と現象としての政治・経済学を学ぶ授業
・「**哲学ゼミ**」…国内を中心に社会課題を現場で深く学び哲学対話をする活動
・「**刑事裁判傍聴学習会**」…社会の歪みを考察して法を犯した人の更生を考える活動
・「**哲学ラボ**」…2050年問題を考えて特許を取得することで未来を拓く力を修得する活動
・「**哲学ラボ・オランダ**」…創造力を蓄えた生徒が異文化との哲学対話に挑む活動
・「**アスペン・ジュニア・セミナー**」…世界14か国のリーダーが学ぶ最高峰の哲学対話
・「**名著精読**」…『夜と霧』などの著作理解とプレゼンテーションの力を育てる活動

★円了先生にごあいさつ、そして哲学堂公園へ！

アマビエさんは、中学1年生の大切な行事、哲学堂公園散策《てつがくどうこうえんさんさく》と学祖墓参《がくそぼさん》に参加してみました。学祖墓参というのは、井上円了先生のお墓参りのこと。

東京《とうきょう》都《と》中野《なかの》区《く》にある哲学堂公園は、明治《めいじ》37年（1904年）に円了先生によって創設《そうせつ》された公園で、精神《せいしん》修養《しゅうよう》の場として、哲学世界を視覚的《しかくてき》に表現《ひょうげん》した個性的《こせいてき》な公園です。

桜が咲く前の寒い夜、倒れてしまったアマビエさんは夢の中で円了先生の幻に出会いました。円了先生のお墓は、この近くの蓮華寺《れんげじ》にあるのです。

1年生のみんなは入学してもう2カ月。初めての定期試験が終わったばかりでほっとしているのかな。朝から集まって友達と元気におしゃべりしている。

引率の先生が大きな声で、みんなに声をかけたよ。

「みんな、円了先生のお墓の前で『6年間よろしくお願いします』って心の中で祈って手を合わせるんだよ。蓮華寺に入ったら私語禁止《しごきんし》。心を静めてお参《まい》りしてください」

蓮華寺にある井上円了先生のお墓

みんなは道を渡ってすぐの蓮華寺に移動して、境内《けいだい》に入ると静かに円了先生のお墓の前に進み、手を合わせていた。

お墓参りを終えたクラスから、哲学堂公園に戻って自由散策に出発する。

哲学堂公園は、哲学のテーマ

哲理門の瓦には哲理の「哲」が書かれているよ

公園の入り口、哲理門。天狗木像が置かれていて、結界を意味している

パークとも言われているそうだ。円了先生の哲学を表しているとても珍しい公園。哲学の教えを目に見える形に整備《せいび》して、五感《ごかん》で触れられるそうだ。

円了先生は、想像力を豊かにすること、実践的《じっせんてき》な体験を重視《じゅうし》していたんだ。

哲学堂公園の散策には、七七場巡《ななばめぐ》りという七十七箇所のポイントがある。それぞれが円了先生のデザインで名前が付けられていて、哲学の世界を味わうことができるんだ。

哲理門《てつりもん》は結界《けっかい》を意味する。心の不思議を意味する「幽霊《ゆうれい》」と物の世界の不思議を表す

「天狗《てんぐ》」がかたどられた木像《もくぞう》が置かれていて、妖怪門《ようかいもん》とも呼ばれているんだよ。

ここでクイズの紙が配られた。チームで公園内を回りながら「哲学堂&円了先生クイズ」に答えて、正解すると先生からスタンプがもらえるんだって。

ちなみにスマホで調べるのは禁止。みんなはここに来るまでの道中《どうちゅう》は連絡用にスマホを持っているけれど、集まってからはカバンにしまうことになっている。

目指せ、コンプリート！　わたしも挑戦してみる！

クイズの問題は例えばこんな感じ。

円了先生が明治時代に解明《かいめい》した、霊《れい》を呼び出してお告げを聞くと言われている一種《いっしゅ》の占《うらな》いは「狐狗狸」。

さあ、この漢字は何と読むでしょうか。

答え：「こっくり」

でもね、こっくりさんは迷信なんだって。

円了先生は妖怪の研究者としても知られている。妖怪博士、お化け博士とも呼ばれている。

円了先生は、妖怪の研究を通して、迷信《めいしん》や通念《つうねん》・偏見《へんけん》にとらわれず、自分で考える大切さを世に広めたんだって

なぜ、妖怪の研究をしていたのかな。

それは、間違《まちが》った価値観《かちかん》や通念《つうねん》にとらわれない考え方や生き方を身につけることが重要であるという考えがあったからなんだ。迷信《めいしん》（道理《どうり》に合わない言い伝えなどを信じること）に惑《まど》わされず、批判的《ひはんてき》な思考《しこう》ができること、自分の頭で考えることが大切だと。

円了先生は本当の意味での教育を受けた人は、精神《せいしん》、知識、思想上《しそうじょう》の喜びを知ることができるようになると考えていたんだね。

あれ？　わたしは自分のことを妖怪だと思い込んでいるけれど、本当はそうじゃないかもしれない……。

わたしは何者？　周りの見方で決めつける必要はないのかもしれない。

哲学堂公園はとても広くて迷ってしまうほどだった。

妖怪学を研究した円了先生は、人々が自分で考えることの大切さを教えるため、いろいろな場所に妖怪や哲学に関するものを設置したんだね。

哲学堂公園はとっても広いよ

一つひとつの建造物《けんぞうぶつ》に円了先生の哲学に対する思いが宿っている。

この場所はまさに哲学する空間。日常的に哲学することで、考え方や視点を変えることができそうだ。

妖怪に関連したものもたくさんあった。

アマビエさんは生徒さんたちの姿を眺めながら、ゆっくりと哲学堂公園を巡りました。

みんなの学びはまだ始まったばかり。

この中から将来、哲学者が生まれるかもしれません。

そして円了先生、先生たちの思いが、みんなの心に少しずつ染み込んでいくといいなと思いました。

クイズにチャレンジしながら哲学堂公園を一周する中学生。公園には池や山もあり、都会とは思えない環境

哲学堂公園(国名勝)
哲学堂公園は井上円了《いのうええんりょう》(一八五八〜一九一九)が、その独特な哲学思想をもとに、全財産を投じてつくった社会教育のための公園です。
円了は「諸学の基礎は哲学にあり」とし哲学堂公園を開きました。それは、様々な理由で教育を受けられない「余資《よし》なく、優暇《ゆうか》なき者」老若男女誰でもが学べる場、すなわち「精神修養的公園」と考えました。
ここで目指したのは、多様な価値観《かちかん》を理解し、先入観・偏見にとらわれない、論理的・体系的に深く考える人間の育成でした。
その方法とは「問う」ことであり「真理《しんり》の追求」だったのです。そして、このような素養《そよう》に満ちた人々による、社会の実現が円了の願いでした。
哲学堂公園は、現代にも通じる円了の思想を物語る歴史的遺産です。
令和三年三月
中野区教育委員会
中野区認定観光資源
2014

★人の話を〝聴《き》く〟練習

アマビエさんは、今日は「傾聴《けいちょう》」の授業を見に来ました。傾聴というのは、耳を傾けて熱心に聴くこと。相手の話を相手の立場に立って、共感しながら理解しようとすること。

今日はT先生の「傾聴」の授業を見にきたよ。傾聴とおしゃべり、何が違うのかな。

T先生：傾聴とは、意識《いしき》しながら人の話を聴くことです。具体的《ぐたいてき》には、次のようなことを意識します。

① 視線《しせん》

②うなずき（あいづち）
③相手の話をまとめて返す
④気持ちに寄《よ》り添《そ》う

T先生：この授業では、自分が人に言われてうれしい言葉について考えたり、友達に何かを相談されたときの気持ちを考えたりします。そしてその友達の気持ちに寄り添った共《きょう》感的《かんてき》な応答はどんなものなのか考えます。

視聴覚室で傾聴について学ぶ中学１年生

アマビエさんは考えました。
みんなは生まれてから10年くらいの間、言葉を覚えて、家族や友達とその言葉を使って会話をしてきたはず。
そのことをもう一度見直して、対話のルールを学ぶという授業は新鮮《しんせん》。
そしてとても大切なことだと感じました。

その次に、対話のルールを学んだよ。
東洋大学京北中学高等学校には、大切な対話のルールというのがあるんだ。

「対話の姿勢《しせい》」
・人の話をしっかり聴《き》こう
・勇気《ゆうき》を出して自分から話そう
・わからない言葉や意見には、どんどん質問しよう

「必ず守るルール」
・人の発言《はつげん》を茶化《ちゃか》さない
・誰《だれ》かを傷つけることは言わない
・人に無理やり話させない

「気にしなくても大丈夫」
・人を感心《かんしん》させたり、面白《おもしろ》がらせなくてもいい

・途中《とちゅう》でわからなくなっても、まとまらなくてもいい
・みんなと違うことを言ってもいい

傾聴の練習はひとりではできないことに気が付いたよ。当たり前だけれど、みんなで対話することから始まるんだね。この学校では、そんな時間を持てる。

こんな学校があることを知って、わたしはとてもうれしくなった。

対話のルールに沿って傾聴の練習

アマビエさんは驚きました。
対話のルールというものを改めて知ると、こんなに大事なことがたくさん含まれているということに。
しっかり聴いてもらえない、茶化されてしまう、話してもスルーされちゃう……。

そんな経験は誰しも少なからずあるのではないか。
SNSなどでは極端《きょくたん》に省略《しょうりゃく》された短い言葉が飛《と》び交《か》っている。
簡単《かんたん》に傷つける言葉を投げつけ合ってしまう。
みんなと同じように思ったり言ったりしないと仲間外れにされてしまう……。
心がざらざらしてくるような言葉は若いやわらかい脳《のう》を傷つける。

楽しそうに傾聴に取り組む生徒たち

それはこの数年、妖怪なりに感じていた不安でした。
そんな不安は、傾聴の練習をすることで減らしていけるのかもしれない。
対話のルールを守ること。対話そのものを練習すること。それをこの学校は大切にしている。
東洋大学京北中学校で哲学の時間、傾聴の時間を過ごすことは、みんなが安心感のある居場所をつくっていくことにつながるような気がしました。

■2024/06/08　中学哲学　傾聴②

東洋大京北　対話のルール

［対話の姿勢］
・人の話をしっかり聴こう
・勇気を出して自分から話そう
・わからない言葉や意見には、どんどん質問しよう

［必ず守るルール］
・人の発言を茶化さない
・誰かを傷つけることは言わない
・人に無理やり話させない

［気にしなくても大丈夫］
・人を感心させたり、面白がらせなくてもいい
・途中でわからなくなっても、まとまらなくてもいい
・みんなと違うことを言ってもいい

“傾聴”の準備

3人組となり、それぞれ「A」・「B」・「C」となる
1回目（A聴き手→B話し手・C観察者）
2回目（B聴き手→C話し手・A観察者）
3回目（C聴き手→A話し手・B観察者）

“傾聴”にあたっての確認事項

①話し手と聴き手の距離感
②話を聴くときの姿勢（背もたれにつけない）
③相手の目をほどよく見る
④相手の話に合わせリアクションをする（うなずき・ジェスチャー・あいづちなど）
⑤相手の話を要約する（丁寧に繰り返す）
⑥共感をする（その時の相手の感情を確認するように努力する）
※感情とは…「うれしい」「かなしい」「つらい」「さびしい」「すっきり」「悔しい」「せつない」
⑦観察者は二人の会話を観察し、「話し手」がどのような話をして、それに対して「聴き手」がどのように聴いていたかを確認する。必要に応じてメモをとる。

セッションの流れ　※1セッション（8分）

①	傾聴	（4分）	※話し手→聴き手	相手の話を先入観なく聴く
②	振り返り	（2分）	※聴き手→話し手	話の内容を確認し共感を示す
③	振り返り	（2分）	※観察者→2人	聴き手が特にできていたところ

※お互いにお礼を言ってセッションを終わりにする

実際に生徒に配られる資料

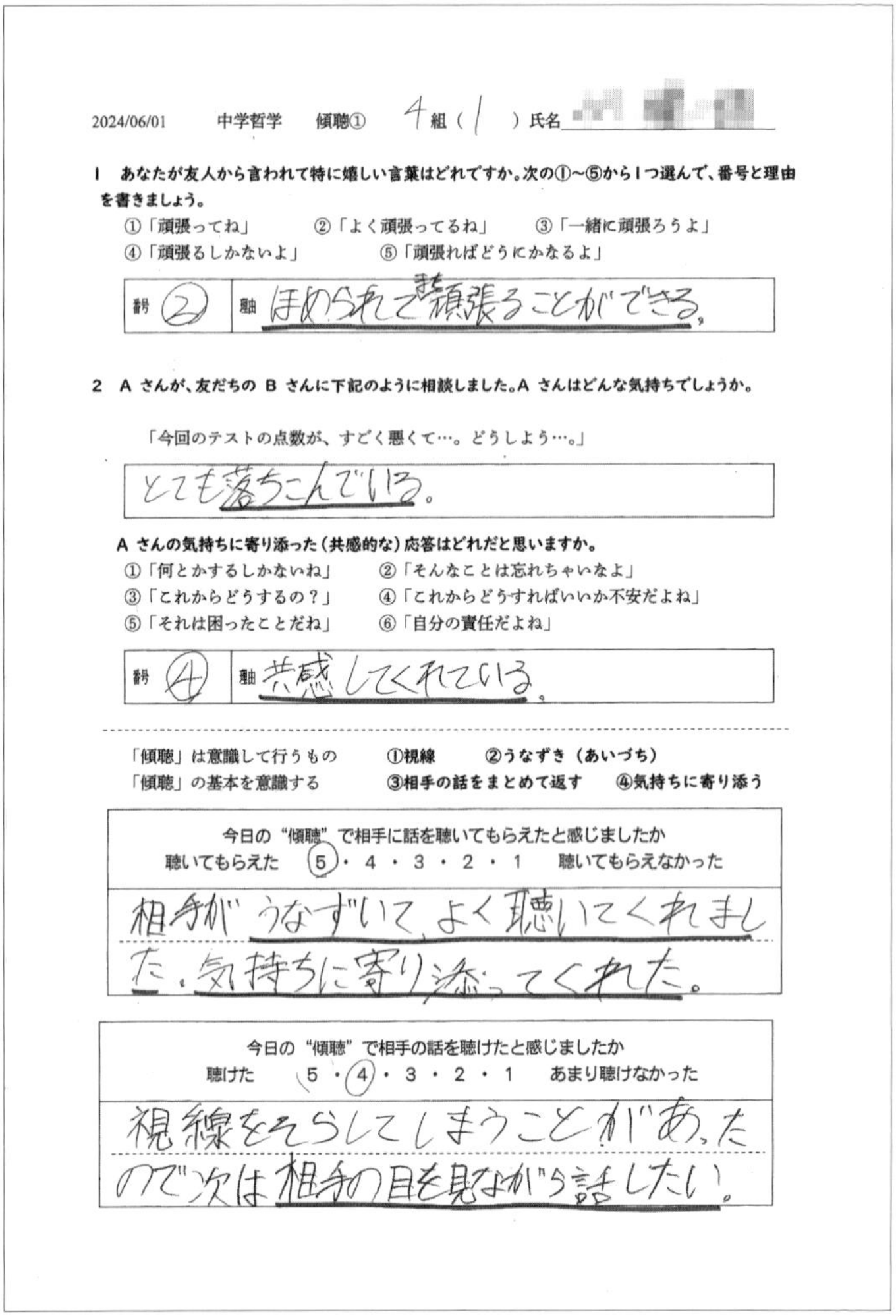

2024/06/01　中学哲学　傾聴①　4組（1）氏名 [redacted]

1　あなたが友人から言われて特に嬉しい言葉はどれですか。次の①〜⑤から1つ選んで、番号と理由を書きましょう。

①「頑張ってね」　②「よく頑張ってるね」　③「一緒に頑張ろうよ」

④「頑張るしかないよ」　⑤「頑張ればどうにかなるよ」

番号	理由
②	ほめられて頑張ることができる。

2　A さんが、友だちの B さんに下記のように相談しました。A さんはどんな気持ちでしょうか。

「今回のテストの点数が、すごく悪くて…。どうしよう…。」

とても落ちこんでいる。

A さんの気持ちに寄り添った（共感的な）応答はどれだと思いますか。

①「何とかするしかないね」　②「そんなことは忘れちゃいなよ」

③「これからどうするの？」　④「これからどうすればいいか不安だよね」

⑤「それは困ったことだね」　⑥「自分の責任だよね」

番号	理由
④	共感してくれている。

「傾聴」は意識して行うもの　①視線　②うなずき（あいづち）

「傾聴」の基本を意識する　③相手の話をまとめて返す　④気持ちに寄り添う

今日の“傾聴”で相手に話を聴いてもらえたと感じましたか

聴いてもらえた　(5)・4・3・2・1　聴いてもらえなかった

相手がうなずいて、よく聴いてくれました。気持ちに寄り添ってくれた。

今日の“傾聴”で相手の話を聴けたと感じましたか

聴けた　5・(4)・3・2・1　あまり聴けなかった

視線をそらしてしまうことがあったので次は相手の目を見ながら話したい。

実際に生徒が記入したワークシート。設問1の回答はさまざまだ

2024/06/01　中学哲学　傾聴①　1 組（ 2 ）氏名 [redacted]

1　あなたが友人から言われて特に嬉しい言葉はどれですか。次の①〜⑤から1つ選んで、番号と理由を書きましょう。

①「頑張ってね」　②「よく頑張ってるね」　③「一緒に頑張ろうよ」
④「頑張るしかないよ」　⑤「頑張ればどうにかなるよ」

番号	理由
③	一緒に頑張る仲間がいるとより頑張れるから。

2　A さんが、友だちの B さんに下記のように相談しました。A さんはどんな気持ちでしょうか。

「今回のテストの点数が、すごく悪くて…。どうしよう…。」

落ちこんでいる。悲しい。

A さんの気持ちに寄り添った（共感的な）応答はどれだと思いますか。

①「何とかするしかないね」　②「そんなことは忘れちゃいなよ」
③「これからどうするの？」　④「これからどうすればいいか不安だよね」
⑤「それは困ったことだね」　⑥「自分の責任だよね」

番号	理由
④	「〜だよね」と共感している。相手の気持ちを考えている。

「傾聴」は意識して行うもの　①視線　②うなずき（あいづち）
「傾聴」の基本を意識する　③相手の話をまとめて返す　④気持ちに寄り添う

今日の“傾聴”で相手に話を聴いてもらえたと感じましたか 聴いてもらえた ⑤・4・3・2・1 聴いてもらえなかった
好きな食べ物の話や定期考査の話をして、相手が共感してくれたりあいづちをしたりしてくれたのでうれしかった。

今日の“傾聴”で相手の話を聴けたと感じましたか 聴けた ⑤・4・3・2・1 あまり聴けなかった
うなずきなどをした。質問をしたりすることができた。

★「公共《こうきょう》」「倫理《りんり》」と東洋大学京北高校の哲学

アマビエさんは高校生が学ぶ時間も見てみたいと思いました。
高等学校には「公民《こうみん》」という教科があり、倫理《りんり》、政治、経済全般《けいざいぜんぱん》について学ぶ教科とされています。２０２２年度からは、その中の一つである「現代社会《げんだいしゃかい》」に代わり「公共《こうきょう》」という科目《かもく》が新設《しんせつ》されました。必修科目《ひっしゅうかもく》として「公共」。「倫理」「政治・経済」は選択科目《せんたくかもく》になったわけです。哲学する学校、東洋大学京北高等学校ではこれらの科目をどのように学ぶのでしょう。

この学校で学ぶ「公共」「倫理」の特徴《とくちょう》を、授業に行く前のF先生に聞いてみたよ。

F先生：本校では1年次に「公共」、2年次に「倫理」を設定《せってい》して、原理《げんり》としての哲学と現象《げんしょう》としての政経の両方《りょうほう》とも必修《ひっしゅう》科目《かもく》として実質的《じっしつてき》には同時進行《どうじしんこう》しています。哲学教育と「公共」「倫理」の精神《せいしん》を融合《ゆうごう》し、哲学の学校にふさわしいカリキュラムを構築《こうちく》するために試行錯誤《しこうさくご》しています。

アマビエ：東洋大京北高校ならではのカリキュラムなんですね。

F先生：はい。20年ほど前に東京都立高校で哲学対話がブームになったとき、インプット不足が指摘《してき》されたので、その対策もたてたカリキュラムです。「倫理」の倫《りん》という字は、仲間、人の道という意味で、「理」は物事を整《ととの》えること、法則《ほうそく》をあらわしています。つまり「倫理」というのは人間社会の法則、秩序《ちつじょ》、守るべき道のこと。「倫理」では世の中のさまざまな問題について深く考え、「なぜ」と問う。生命倫理《せいめいりんり》についてや国際社会《こくさいしゃかい》に生きる日本人としての考え方も学ぶんですよ。

アマビエ：「倫理」では先哲《せんてつ》の思想から「原理《げんり》」を学ぶと聞きました。何千年も前の思想が現代で役に立つのですか？

F先生：現代社会では1年前の知識も古くて役に立たない場合が多いですよね。でも、2000年の間、歴史的淘汰《とうた》に耐えた先哲の言葉には人間の真理《しんり》が含まれていて、とても学ぶ価値《かち》があります。生き方、考え方というのは何がいいのか、何が正しいのか、20 0年たっても実は答えが出ていません。だからずっと考え続けていく。それが、先哲に学ぶことの意味なんですよ。

アマビエ：考え続けていく……。

F先生：本校の哲学は常に始まりに戻って深く考えることを重視している一方で、いわゆる偉大《いだい》な哲学者たちの思想を学ぶことを大切にし、じわじわと心の中に価値観《かちかん》を醸成《じょうせい》させます。「何が大切か」という価値観は、事実《じじつ》を学ぶ教科とは別の思考力《しこうりょく》を鍛《きた》え、思慮《しりょ》深《ぶか》さを育てていくのです。

アマビエ：哲学することで、価値観が醸成されていく……。

F先生：実学《じつがく》に対して哲学はすぐに役に立ったりはしません。でも知っておくと、人生を豊かにしてくれたり、どこかで自分を救ってくれたりするかもしれない。若い人たちが人生の大きな問いにぶつかったときに、その言葉たちともう一度出会ってほしい、それが私たち東洋大京北の教員の願いなんです。

アマビエ：「公共」は人間社会のことをさまざまな角度から学んで、生かしていく科目ですよね。

Ｆ先生：はい。本校では、理論を「哲学」に求め、実践を「公共」に求めつつ授業を展開し、円了先生の言葉「向上《こうじょう》するは向下《こうげ》せんためなり」のとおり、向上門《こうじょうもん》と向下門《こうげもん》の融《ゆう》合《ごう》を試みています。

「向上門」は本当の幸福《こうふく》とは何かを追求《ついきゅう》すること。

「向下門」は本当の幸福を社会で実現しようとすること。

円了先生の思いを引継ぎ、これらの2つのことをとても大事にしています。

アマビエさんは、先生に貸していただいた倫理の資料集を眺《なが》めました。たくさんの哲学者が載っています。こんなにたくさんの哲学者が大昔から考え続けているのです。

人間にだけできる「考える」ということ。

そしてこの学校では身近な仲間たちと一緒に「考える」ということ。

Ｆ先生：明日、「名著精読《めいちょせいどく》」という授業があるので、ぜひ参加してみてください。ちょっと難しい本を読むけれど、きっといい体験になるはずですよ。

アマビエ：めいちょせいどく……。はい！　参加します！

★本を読み合い、じっくり考える

生きる意味とは……。

東洋大京北高校ではこの大きなテーマを書物から考えていく時間があります。

高校2年生のみんなが取り組む本は、『夜《よる》と霧《きり》（新版）』（ヴィクトール・E・フランクル著　池田香代子訳　みすず書房《しょぼう》）。

アマビエさんも早速読んでみることにしました。

『夜と霧』には第二次世界大戦中における、強制収容所《きょうせいしゅうようじょ》の体験がつづられているようだ。

なぜ『夜と霧』というタイトルなんだろう。

これは、ナチスに反する思想、信条《しんじょう》を持つと疑《うたが》われた者を夜の暗さと霧に乗《じょう》じて人知れず連れ去ったという歴史的事実を表現しているらしい。また、一夜《いちや》にして霧のように一家全員が消え去ったという意味もあるらしい。

著者のフランクルは、１９０５年オーストリア生まれの精神科医《せいしんかい》、心理学者《しんりがくしゃ》である。

『夜と霧』は世界中で翻訳《ほんやく》され読み継がれている名著《めいちょ》だ。そして、フランクル自身が体験したナチスの強制収容所の記録だ。

アマビエさんも挑戦したよ！

冒頭《ぼうとう》で、フランクルは「これは事実の報告ではない、体験記《たいけんき》だ。（中略《ちゅうりゃく》）生身《なまみ》の体験者の立場に立って「内側から見た」強制収容所である。（中略）わたしはおびただしい小さな苦しみを描写《びょうしゃ》しようと思う」と語っている。

収容所に入れられた家族は全員、収容中に死亡している。結婚してまだ9カ月の妻《つま》も。そして、飢《う》え、過酷《かこく》な労働、暴力《ぼうりょく》、仲間の死……。

生きる意味を見い出しがたい環境の中で、人間性を破綻《はたん》させてしまう人が多くいる一方で、品位《ひんい》を保ち、さらには内面的に成長できた人の違いは何なのか。そのような状況下でこそ、その人の本質、本性があぶりだされるのではないか、とフランクルは言っている。

高校生のみんなはこの本を読んでどんなふうに感じたかな。生徒さんの感想文を読んでみたよ。

この本の前半を読んでいたときには、絶対的権力《ぜったいてきけんりょく》を前に「学」や「徳《とく》」は全く力をなさないのかと思っていた。しかし、後半部分で、「ほんのわずかな人だけであっても『苦悩《くのう》に値する人』がいたことが、人間の内面は外的《がいてき》な運命よりも強靭《きょうじん》であることを証明《しょうめい》する」とあり、人の内面の強さに感動と安心を覚えた。しかし同時に、もし自分が被収容者《ひしゅうようしゃ》であったとしたら、「苦悩に値する人」でいられるかと考えると、今の私では到底不可能《とうていふかのう》なのではないかと感じた。

また、「無期限《むきげん》の暫定的存在《ざんていてきそんざい》」性がいかに被収容者の失望《しつぼう》を加速《かそく》させたかが述べられていた箇所があった。考えてみると、今まで自分が苦しいと感じたとき、どんなに先でも終わりがあった。終わりが見えない過酷なときの中でも、苦しみを遂《と》げることが生きる意味だと考え、生きることに何を求められているかが問題であることに気付いた人々が自分を失わずにいられた、という事実は、私たちに乗り越えられない壁《かべ》はないと改めて教えてくれたと感じた。

筆者自身が収容所で仲間たちに「生きることを意味で満たす可能性」について語っている。この中の「経験は心の宝物で誰にも奪《うば》えない」「勇気を持ち続け誇《ほこ》りを持って苦しんでほしい」という言葉が強く印象に残っている。どうしようもなくつらいとき、妻の幻想《げんそう》を見たように、生き延びる意味を考えたとき、温かかった家庭を、熱中していた研究を思い出したように、誰にも奪えない思い出と経験は苦しいときに救ってくれるものになるのだと知り、今、そしてこれから経験する多くのことを一つ一つ大切にしていこうと改めて感じた。

勇気と愛情は一番大切なものだと私も考えている。最低でも大切だと思うことだけを意識すればよいものの、つらいときはそれらを忘れてしまいがちだが、苦しむことに誇りを持ちその瞬間《しゅんかん》に意味をしっかりと感じることで、大切なことも忘れずにいたいと思った。（Kさん）

私は「偶然《ぐうぜん》の僥倖《ぎょうこう》」の反対は「精神の自由」だと思う。フランクルは偶然に左右されるだけの人生なら生きるに値しないと言い切っている。そしてその偶然に左右されるだけの人生ではない証拠が「精神の自由」にあると思う。どんな運命になろうとも最後の態度《たいど》を決定する部分がある限り生きる意味はそこに生み出されるのだろうという思想である。

フランクルはどんな状況であっても、人間の尊厳《そんげん》や生きる意味は絶対に奪われないと主張している。心の中だけは唯一誰からも侵《おか》されない場所であり、そこで生きる希望や意味や意思が生まれるという思想である。私が最も共感したことは、誰かが自分に何かをしてくれることを待っていてはいけない、外に希望を求めるのではなく、自分の心の中に希望を見出すことで、どんな困難でも乗り越えられるのではないかという点である。この世界中には多くの人間がいて、さらにその全員がひとり残さずその人だけのたった1回限りの人生を歩んでいる。この世に無意味な人生というものはない。私自身、たとえ喜びよりも苦しみや悲しみのほうが多い人生であっても、胸を張って「これで良かったのだ」と全てを受け入れることができるように前向きに生きていきたい」（Mさん）

アマビエさんも、『夜と霧』を読んで頭に浮かんだ問い、そしてその答えに近いと感じた文章を本の中からメモしました。

・過酷な状況《じょうきょう》下《か》でも人間の善意《ぜんい》は保たれたのか

「現場監督《かんとく》（つまり被収容者ではない）がある日、小さなパンをそっとくれたのだ。（中略）あのとき、わたしに涙をぼろぼろこぼさせたのは、パンという物ではなかった。それは、あのときこの男がわたしにしめした人間らしさだった。そして、パンを差し出しながらわたしにかけた人間らしい言葉、そして人間らしいまなざしだった……。」

・希望が人間の精神を支えることはできたのか

「自分の未来をもはや信じることができなかった者は、収容所内で破綻《はたん》した。そういう人は未来とともに精神的なよりどころを失い、精神的に自分を見捨て、身体的にも精神的にも破綻していったのだ。」

・人生の意味とは何か

「生きるとはつまり、生きることの問いに正しく答える義務《ぎむ》、生きることが各人《かくじん》に課す課題を果たす義務《ぎむ》、時々刻々《じじこくこく》の要請《ようせい》を充《み》たす義務を引き受けることにほかならない。」

アマビエさんは考えました。

この本は、人間とは何かということを深く考えるきっかけになると思いました。若いみんなにはこれから人生を歩んでいく中で、迷ったときはこの本を思い出してほしいと感じました。困難に直面《ちょくめん》したときに重要なのは、状況に対する真摯《しんし》な態度と姿勢。どうすればうまくいくか、幸せになれるのか、ではなく、私の人生の使命は何なのか、私は何のために生まれてきたのかという問いを持つ。そうすることで暗闇《くらやみ》の先の小さな光を見つけられるかもしれない。

アマビエさんは、『夜と霧』から気付いたことをメモしながら、本というものがあるこの世界を、それを読み合うことのできる学校という環境をとてもいい世界だと思いました。

★ 哲学エッセーのテーマを考えよう！

哲学する学校、東洋大学京北中学高等学校には、毎年哲学エッセーを書くという取り組みがあります。アマビエさんは、みんなが「問いを立てる」様子を見学しました。

今日は、高校2年生の「探究《たんきゅう》」の時間。学年の先生たち全員が見守る中、みんなが校庭に出てきたよ。「哲学エッセー」の問い立てをするんだって。

え？　外で？　校庭で考えるの？

教室を離れて、いつもと違う環境に身を置くことが、自由に「問い」を出すきっかけになるのかな。広い場所で独《ひと》りで考えるなんて普段はあまりやらないから、何だか面白そうだよ。

T先生がみんなに呼びかけている。

「このフィールドでどこに行っても構《かま》いません。好きなところで風を感じ、日陰《ひかげ》で涼《すず》みながらでもいいです。友達と一緒に歩かないこと。思索《しさく》の時間ですから、独りでいてください。じゃあ始めます。空間は自由に使っていいですからね」

17分間、誰とも話さず、独りで自由に思索する時間が始まった。

校庭に出て、風を感じながら自由に哲学エッセーのテーマを考える時間

みんなは散らばり始めたよ。

校庭の真ん中まで行って座っている人。日陰で座って考え始めた人。人工芝の校庭に寝転んでいる人……。誰もしゃべらないのでとても静か。

17分間が終わると、みんなは教室に戻っていった。後半は仲間と共有する時間だそうだ。教室に戻ると机を寄せ合って3〜4人ひと組になり、話し合いが始まったよ。小さな対話と共有の積み重ねが、東洋大京北生をつくっていくんだね。みんなどんなテーマを思いついたんだろう。


アマビエさんはメモをしました。

一つのテーマに絞《しぼ》って集中して考える時間をつくる。

ぼんやり考えるのと、しっかり考えるのは確かに違うことなのだと感じました。

そして、仲間とアイデアを共有して、友達が考えたこと、自分が考えたことを見せ合っていく。

こんなふうに、他者への理解を深めることにつながる授業があるのはとてもいいなと思いました。

教室に戻り、思いついたテーマや問いについて仲間と共有し、意見交換する時間

★中学生と高校生が一緒に対話する時間

今日のアマビエさんは、哲学対話《てつがくたいわ》の時間を見に来ました。

哲学対話というのは、日常で感じる疑問を哲学的な問いとして立て、みんなで話し合っていくこと。いくつかのルールはありますが、基本的には自由に発言し、予定された結論やまとめの時間もありません。一つのテーマについて対話することで、思考を深めていくことができるようです。

この学校の哲学対話は「知っている」あるいは「わかっている」という思い込みを排除して、「なぜだろう」「本当なのだろうか」と考える姿勢《しせい》を身につけることを大事にしているそうです。立ち止まって考えることで、思い込みにとらわれていたことに気付かされた

ある教室での中高合同対話。２つのグループに分かれて大きな輪をつくる

り、他者の見解《けんかい》に触れる機会によって新たな見方を獲得《かくとく》したりすることもあります。それが、考える素養《そよう》を身につけていくための大切な時間。

アマビエさんはみんなの対話をそっと聞かせてもらいました。

教室の前に中学生と高校生が集まってきたよ。

今日は、中1と高2の合同哲学対話の日。合計400名あまりの生徒が20教室に分かれて、それぞれの担当の先生と共に哲学対話を進めるんだって。学年、年齢を超えて一緒に哲学対話をするというのはどんな時間なんだろう。

中学生と高校生は普段はあまり接点がなくて、初対面《しょたいめん》の人も多いのかもしれないね。あえて年齢《ねんれい》の離れた人たちが対話を通して、哲学の学校としての意識《いしき》を持つこと、他者の意見に耳を傾《かたむ》けること、自分の思いを語ってみること、などを体験するみたいだ。

わたしは、ある一つの教室に入ってみることにした。

みんなは自分が座る椅子だけを残して、机を後ろに下げて広い空間を確保している。

2つのグループをつくるみたいだ。すぐに、椅子の輪が2つできてきた。

先生が少しだけ誘導《ゆうどう》してうまく2つに分かれて座ったら、みんなはこの時間にだけ使うニックネームのようなものを考え始めた。それをテープに書いて胸《むね》に貼っている。作業しながら笑い声も起こって何だか楽しそう。この時間は先輩のこともこの呼び名で呼んでOKなんだって。

自己紹介

U先生：今日は合同対話ですが、高校生はそんなに肩肘張《かたひじは》らなくて大丈夫です。君たちが自然にやってくれることがむしろ中学生には刺激《しげき》になると思うし、中学生には中学生の視点があって、高校生にとってはすごく新鮮《しんせん》なはずです。忘れている感覚だと思うので、それを思い出すきっかけになるかもしれません。

では、その名前で自己紹介を簡単にしてください。「〇〇です。何でこの名前にしたか」そんな感じの自己紹介でいいです。

みんな自分で自分に付けた名前で自己紹介を始めたよ。「帰宅部《きたくぶ》」とか「元バレー部」とか「のび太」とか。高校2年生の人が「中1」とか。自由な感じ！

哲学対話とツールの説明

U先生：これ、もふもふしたもの。コミュニケーションボールといいます。これを持っている人が発言することができます。なぜ、もふもふしたものがいいのかというと、例えば、これ（太いフェルトペン）をえいって投げつけられたら受け取るのが大変ですよね。当たったらけがをします。このボールは言葉だと思ってください。

とげがある言葉をえいって投げたら刺《さ》さるんですよね。物理的《ぶつりてき》な攻撃と同じです。だから実は言葉ってとても慎重《しんちょう》に選ばなければいけないし、相手に合わせたスピードとかやわらかさで伝えてあげる必要があるんです。コミュニケーションボールは言葉の代わりになるものなので、やわらかいものをわれわれは選んでいます。

そして、できるだけキャッチしやすい言葉のほうがいいですよね。いくらやわらかいといっても受け取る側の心構《こころがま》えとかペースがあると思います。「あなたに言葉を伝えますよ、はい」、って投げる。あるいは、発言したそうな人に目線を合わせて、相手が取れるようにこのボールを投げてください。言葉もかけます。

ルール説明

U先生：この哲学対話には必ず守ってほしい共通のルールがあります。

・人の発言を茶化さない
・誰かを傷つけることは言わない
・人に無理やり話させない

右側の男子生徒が持っているのがコミュニケーションボール

これは必ず守ってください。
対話のコツもあります。3つに絞りました。

・人の話をしっかり聴《き》こう
・勇気を出して自分から話そう
・わからない言葉や意見には、どんどん質問しよう

それから、気にしなくても大丈夫なこと。

・人を感心させたり、面白がらせなくてもいい
・途中でわからなくなっても、まとまらなくてもいい
・みんなと違うことを言ってもいい

U先生：人がわからないような、普通は知らないよねっていうような言葉をもてあそぶのではこの時間はあまり意味を持ちません。わざわざ年齢《ねんれい》の離れた人たちにこうやって来てもらったのは、相手に伝わるように話をするにはいろんな工夫がいるということに気が付いてほしいからです。なので、この対話のコツをよく守りながらルールに従って対話を進めてほしいと思います。そして、高校生はリーダーシップをとって話をまとめていかなきゃとか思う必要はないです。流れに身を任せてください。

問いを立て、ひとりで考える時間

U先生：では、まず君たちが今まで生きてきた中で、疑問《ぎもん》だなと思うこと、これって何だろう、今日はちょっと聞いちゃおう、とかそういうことを1つでも2つでもいいです。まずは一人で静かに目を閉じて考えてみましょう。2分ぐらい、はい、どうぞ。

みんなで話してみたい問いを前に出て書き出す

「問いを立てる」とは……。

日常生活や社会での出来事に対して一歩踏み込んで考えること。現状を見たまま受け入れるのではなく、もっと深く物事の背景や本質を理解しようとすること。

日々の生活の中で見失《みうしな》ってしまいそうになっていたことを立ち止まって考える。問いを立ててみることで見えてくることもあるかもしれない。

アマビエさんも、みんなと一緒に考えてみようと思いました。

みんなで書き出しタイム

U先生：はい、目を開けて結構《けっこう》です。意外と2分は長かったですね。自分の中で出てきた疑問とか、こういうことをテーマにしてもいいかも、みたいなことを前に出てきて書いてほしいんです。一人ひとり書きに来ると、あ、あれあの人が書いたんだーとかえって書きにくいと思いますので、いっせいに出てきて書きましょう。はい、全員立ってください。どこでもいいし、何色を使ってもいいです。

何も思いつかなかったなっていう人はこっそり書いたふりして戻ってきてもいいです。無理しないのが一番大事ね。2個、3個、書いてくれてもいいですね。もういいかなと思ったら戻って座っていいですよ。

ではじっくり見てみましょう。面白いものがいっぱいありますね。

次は、「これが良かった」「この問い、めちゃくちゃ面白そう」っていうものに丸を付けます。ひとり最大2つまで、1つでもいいし、ぴんとこなかったなーっていう人はゼロでも構いません。この時間は無理しないということが大事。

じゃあ皆さん前に出てきてね。ちゃんとわかるように丸を付けてね。

いろいろありますね。

―「なぜ勉強するのか」

これはよく出てきますよね。僕もそう思っていました。

―「授業中、何であんなに眠くなるんだろう」

僕のせいじゃないよ（笑）。

―「人は何で自分の欲望《よくぼう》に負けるのか」

そう、負けちゃうよね。何でだろうね。

―「先生は週休2日なのに何で生徒は1日しかないの」

うん。それはですねーって説明をしたら全然面白くないんですが、深めていったらきっと面白いです。

―「どうして人間は天国、神様とかの想像をするのか」「人はなぜ宗教《しゅうきょう》を信じるのか」

なぜ超越的《ちょうえつてき》なこと、超自然的《ちょうしぜんてき》なことを信じたくなるんでしょうね。

―「敬語《けいご》とため口の境界線《きょうかいせん》は」

これは結構《けっこう》難しいんですよね。もしかしたら年齢や経験によって感じ方が違うかもしれません。違いがあるならなぜ違うんだろうとか広げる余白がたくさんありそうですね。歳《とし》

出てきた問いの中から、今日のテーマを１つ決めて対話する

の離れた君たちで話し合ったら面白い気付きがありそうですね。

今回は、「承《しょう》認《にん》欲《よっ》求《きゅう》が出るのはなぜ」とか、「運はこの世に存在するものなのか」というところに非常に丸が多いですね。

じゃあ、面白いのがいっぱい出てきたんだけど、この時間で話を深める経験をしてほしいので、深め方をみんなでやってもらいたいと思うんです。

・なぜ、
・そもそも～ですよね
・どうして～なの？

を付けていくとその話題が掘り下がっ

ていきます。

今日は、これをテーマにして掘り下げてみるということをやってみましょう。

「運はこの世に存在するものなのか」

最初の発言者にボールを渡しますので話してみてください。どういう方向にいっても構いません。運なんかないんだっていうところから入っても構いません。何でもいいです。では話をしてみてください。

高２Ａ：やっぱり、運はこの世に存在するんじゃないかな。だって……苦手だったことができるようになったっていうのは、僕は運だと思うんです。

高２Ｂ：たしかにそう感じることもあるけど、私は運は存在しないと思ってる。運って、人間の都合のいい思い込み、とも言えるんじゃないかな。

中１Ｃ：私は先輩と同じように、運は存在してほしいと思っていて。テストとか、わかんない問題を適当に選ぶときってあるじゃないですか。あれって、当たったときは運がいいのかなって。結局は本人が信じるか、信じないかという問題な気がします。

中1D：Cさんと同じで、運は存在する、と思っています。宝くじが当たるとか、自分がどう努力しても変わらないことってありますよね。それって運が関係している？

高2E：なるほど……でも、僕は運は存在しない派です（笑）。確率と運って、みんなにとっては同じですか？　僕は、違う、と思っていて。例えばAさんが言っていた、「苦手なことができるようになった」っていうのは、苦手だな、と何度も思いつつ、逃げないで頑張ってきたからだと思いたい。運が悪かったんだねって言われても救われないですよね。全部、努力でどうにかなる世界であってほしいな。

高2F：たしかに……。でも私はやっぱり運はあるんじゃないかと思ってるんですよね。じゃんけんするときに、「じゃんけんは運だぞ」とか「運だから誰も責めないから大丈夫だよ」とか、「今日の運勢いいから絶対勝つ」とかって言うと思うんですけど、運がないならそれって成り立たない。じゃんけんって何で決まるのかわからなくなる気がして。じゃんけんがあるっていうことは、運はあるなと思います。

中1G：僕も運はあると思っている派で、なぜかというと、自分が生きていて、運が悪いなって思うことが多くて。じゃんけんで負けたり、電車が全部遅延していたり、信号が全部赤だったり……（笑）。自分は運がないなって思うことが多いんです。

高2B：運ある派の人にぜひ聞いてみたいんだけど、そもそも運って何？　私は運と確率は違うと思っているから、じゃあ確率とはどう違うのかなって。

中1D：運は努力しても変わらないもの？　確率は自分が動いたら上がるかもしれない……。

高2H：俺も運は存在しないと思うけど、確率っていうのは努力で上げられるものかな。じゃんけんも、心理とかその人の癖とかを見抜いたら勝率は上げられると思うし、じゃんけんは運じゃないいんじゃないかと思います。

…以下、対話はまだまだ続く

U先生：時間が来てしまいました。これは、答えがない難しい話だったと思うんですけれども、やっぱり中学生ならではの切り口があったりして、中学生からすると高校生ってこういうふうな見方をするんだなと見えてきたと思います。

話していているうちに「自分の意見が変わってきたかも」、と実感した人もいると思います。そうした気付きは大切にしてほしい経験です。「こういう見方もあるんだ」、「ああいう見方もあるんだ」っていうのをこの哲学対話を通して経験してもらって、君たちが

別の教室では大きな輪になって対話しているクラスも

いざ哲学エッセーを書くときに、この時と同じようなプロセスで深めていけばいいということに気付いてもらえたら、今日はすごく意味のある時間だったと思います。

今日はそれぞれ違う学年に対してすごく気をつかったと思いますが、よく頑張ったと思います。また機会があったら、このように異学年《いがくねん》で交流するということをやっていきたいなと思います。

では、このグループの人たちに皆さんでお礼を言いましょう、ありがとうございました！

生徒：ありがとうございました！

アマビエさんは、とても静かな気持ちになっていることに気付きました。大切なルールが少しだけある中で、みんなで一つのことを考え、対話をする。

その場に身を置いてみること、体験することで自然と染み込んでくる「考える」習慣。

それは人間が与えられている時間の使い方として、とても貴重なひとときだと感じました。

人間は、目の前のことをこなすだけで精いっぱい。大人も子どもも分刻みの生活。ざらざらしたり、ぎすぎすしたり。心をすり減らしていく日々。

そんな中、今日のような優しい時間を持つことは、より良く生きたいと思う人間本来《ほんらい》の望みを思い出させてくれるのかもしれない。

みんなが、こんな時間をずっと持ち続けられるといいなと思いました。

★先生たちも対話する

アマビエさんは先生たちの研修の時間にも参加してみました。
今日は、「自分の好きなもの」について自由に対話し、それを「言葉であらわすこと」についてみんなで考えるという模擬《もぎ》授業《じゅぎょう》。先生たちが生徒役をしながらみんなで授業を研究する時間。哲学対話というものがどういうものなのか、実際に体験してみることができそうです。

テーマ「私の好きなものについて」

R先生：それでは、3分間ぐらい時間を取りますので、自分の好きなものを1分間で紹介する準備をしてください。何でもいいです。好きな人でもいいですし、好きなアニメとか趣味のものでもいいですし、家族とかでも何でも大丈夫です。

わたしもやってみるよ。自分の好きなもの……何だろう。
すぐには出てこないな……。
でも改めて考えることが今までなかったから、ちょっとわくわくする。
スピーチするために考えをまとめる時間も何だか楽しい！
3分で考えて1分で発表するって、すごく集中する。
やってみると時間を区切って頭を働かすことって、何だか気持ちいいね。

R先生：では時間が来たので、どなたか発表していただきたいと思います。一番ペンが動いていたSさんからお願いします。

S先生：はい。私は好きな果物《くだもの》があります。梨《なし》が好き。シャキシャキした果物がすごく好きで、梨ってみずみずしくて本当に美味しいなと思います。ぐにょぐにょした果物……例えば、桃とかメロンとかは好きじゃなくて、シャキっていうのがいいなって思っています。なので、洋梨ではなくて日本のナシが好きです。で、ナシのタルトとか……。

先生だけの哲学対話の時間。生徒の立場に立って体験する

（1分　終了）

R先生：はい、時間が足りないぐらいしゃべってくださいました。では、Sさん、どなたかにボールを渡してください。

S先生：では、Fさんに。

（コミュニケーションボールを渡す）

F先生：私の好きなものはドラえもんです。なぜ好きかというと2点ありまして、一つは懐かしい昭和《しょうわ》の風景。そしてあるべきものがあるところにある。つまり、学校の先生は「宿題しなさい」、お母さんも「宿題しなさい」。お父さんはのんびりしている。お父さんもお母さんものび太のことが大好き。『ぼくの生まれた日』という映画があるんですけど、とてものび太のことを可愛がっている。

もう一つ好きな理由は、時間を自由に動くことができるということ。時間というのは人生そのものであって、われわれがどこで誰と過ごすかということは人生そのものなんです。したがって、失敗しちゃった、あの時間は無駄《むだ》だったなってことも多々あるんだけれども、そこにタイムマシンで戻ることができて、そしてそれをやり直すことができるっていうところがいいなと思います。まとめると「懐かしい」ということと「時間」。それを教えてくれるいい漫画《まんが》だと思っております。

R先生：1分ぴったり！　ありがとうございます。では次の方にボールを。

（ボールを渡す）

I先生：私は合唱が大好きで中学から合唱部に入っていました。高校はたまたま合唱の強豪校で、そこからすごくはまってしまって。そこで自分の将来は学校の合唱部の先生になりたいなって考えるようになりました。自分の人生の軸をつくってくれた3年間だったと思っています。

合唱って音だけじゃなくて言葉があるので、詩とか詩人とか、そういうものとの出会いも自分にとっていろんな世界を広げてくれたなって思っています。詩集を買ってみたりして、音楽だけだったのがいろんな世界に踏み込むきっかけになったと思います。

R先生：ありがとうございます。さすが先生方、止まらずにわかりやすくしゃべってくださいました。いかがでしたか。好きを考えてみること。Nさん、どうですか。

N先生：1分間でまとめていくというのが悩むところかなって思いました。際限なくいろいろ語れるんですけど、時間限定、ピンポイントで自分の好きなものがうまく伝えられるかというところにすごく頭を使いました。

R先生：Kさん、いかがですか。

K先生：箇条書きにしても書ききれないぐらいあったので、それを1分でまとめて説明するのは難しいなと思いました。自分の知っていることを増やしすぎるとそのことに全然《ぜんぜん》興味がない人にはつまらない話になってしまうので、さじ加減《かげん》が難しいと思いました。

R先生：ありがとうございます。おっしゃるとおりだと思います。自分の好きなものって無限に語れると思っていたけど、相手がいて、その人に伝えるっていう条件が加わることによって途端に難しくなる。

中学2年生の授業でやったときは、20秒ぐらいで止まっちゃう子もいました。意外としゃべれない。すごく好きな気持ちはあるけれど言葉にできなかったり。逆に自分の知っていることだけを詰め込みすぎると相手にわかってもらえないから、どういう言い方が良くて、どういうふうに伝えたらいいのかわからないっていう感想もありました。

では、ここからは皆さんで10分ぐらい考えていきたいと思います。

「自分の好きを自分のために言葉にするのは簡単《かんたん》か、難しいか」

R先生：さっきは人に伝えることを前提に自分の好きを考えましたが、もし自分のために言葉にする。伝える相手が自分だったらそれは簡単か難しいか。最終的には「自己」を考えるときにそれを全て言葉にすることはできるのかというところにいくのですけれども。

（2分　考えタイム）

では、またスピーチタイムです。意見がまとまっていない方はボールを回していただいてもいいですし、逆にそのタイミングで話したいっていう人は挙手《きょしゅ》でお願いします。何を言っても大丈夫です。

T先生：簡単か難しいかと言ったらすごく簡単です。ただ、好きなもののレベルによりま

普段は考えたり、人と話さないような話題も多く、考え込む先生もいる

す。10秒ぐらいしか語れないものもあるし、深いレベルの好きは言葉にするのは簡単だと思います。

S先生：私も何となく好きなものって結構あると思うのです。その何となく好きっていうものを相手に伝えるのはすごく難しいと思いました。

R先生：ありがとうございます。どんどんお話ししていきましょう。

K先生：日常的にどれだけ触れているかでしゃべりやすさが変わってくると思いました。

L先生：スポーツは言葉だけでは伝えるのはやっぱり難しいなと思いました。

R先生：自分に対して語るのはどうですか。バレーボールだとして。
L先生：自分に対しても、言葉だけで伝えるっていうのは難しいと思います。
R先生：好きの熱中度《ねっちゅうど》によっても言葉にできるできないが変わってくるっていうのは面白いと思いました。そこに日常的に触れているかどうかも加わっていたのが新しい発見でした。

子どもたちはそれすらもまだわかっていないんですね。自分が熱中しているのかどうかもわからない。なので、自分のために言葉にできたら、熱中していることに気付けるかもしれない。自分を知るための一つの指標《しひょう》になる。考えて突《つ》き詰《つ》めて、これだけ言葉にできているから自分はこれが好きなんだ、と考えるようになるのかもしれないですね。あとは、人に伝える、相手に届けるということを考えたら、表現というものが加わる。人間は視覚《しかく》とか聴覚《ちょうかく》とかいろんなものを使いながら認識《にんしき》していくけれども、一方で自分に向けて自分のことを考えるだけだったら、確かに言葉だけで突き詰めていくっていうこともできるんだと思いました。それは人に伝えることと自分で考えることの違いだなと。

ある本に、「人間は物を区別《くべつ》するために言葉を使っている」と書いてありました。特別感を与えたいから名前をつける、言葉で表現するんだと。自分を理解するために、言葉というのは一つの大きな手段になるんだと思います。

以上で私の模擬授業を終わります。ありがとうございました。

アマビエさんは先生たちの対話を聞いていて、自分の心の中を耕したような気分になりました。自分の好きを知る、好きを言葉にする、他の人に説明するために言葉を使って表現してみる……。普段から好きだと思っていることについて考えるだけなのに、すごく頭と心を使うということに気が付きました。

そしてこんなふうに、きちんと他者の話を聴くルールが守られていれば、学校は安心していられる居場所になると思いました。

哲学対話の模擬授業、面白かった。そして全然難しくなかった。経験してみないとわからないことっていっぱいあるんだね。

みんなで何かについて話し合うのって楽しいし、お互いの好きを知ることで、それぞれに違う生活があって違う考えを持っていることを改めて実感できたりする。

さまざまな経歴《けいれき》や年齢の先生が、フラットに意見を言い合えるのも哲学の学校だからこそなのかもしれない

中学生だと自分のことをみんなの前で素直に話すことが恥ずかしかったり、嫌だと思う子もいるかもしれない。聞いているだけの子がいてもいいのかな。この学校にいれば、きっとだんだん話したくなってくるような気がしたよ。

★哲学エッセーで受賞《じゅしょう》した生徒さんに聞いてみたよ！

アマビエさんは、「哲学の日」の受賞者インタビューを見てから、哲学エッセーに興味を持ちました。哲学エッセーというのは、自分が考えたこと、感じたこと、体験したことなどを自由に書いた文章のこと。そして、自分の視点を織り交ぜて、私はどう思ったか、私はどう感じたかという独自の見解を文章に著すものです。

東洋大京北では哲学の時間に、生徒一人ひとりが今、疑問に思っていることや気になっていることを哲学エッセーとして文章にまとめます。

今日は3人の生徒さんに、どんなテーマで、どのように考えて哲学エッセーを書いていったのかを聞きました。

今回お話を聞かせてくれた受賞生徒さん。左から、今野日陽さん、庄司悠乃さん、吉田美玖さん

『ふつう』とは」―中学1年生（受賞当時）今野《こんの》日陽《ひより》さん

朝起きることは「ふつう」。ご飯を食べることは「ふつう」。学校に行くことは「ふつう」。夜になったら寝ることは「ふつう」。世の中にはたくさんの「ふつう」があふれている。コロナが流行してからは、マスクをすることは「ふつう」、ワクチンを打つことは「ふつう」など、新しい「ふつう」が生まれたりもした。

私は小学6年生のとき、気の合う友達数人と校庭に寝転《ねころ》んで、ひなたぼっこをするのが「ふつう」だった。日によって校庭の砂の質が違っていて、雨が降った次の日の砂は少し湿っていたり、晴れの日が続いたあとの砂はさらさらだったりと、砂の質を調べるのが好きだった。しかし、寝転んでいると、必ず女の子の友達が駆け寄ってきて、笑いながら「男の子はまだしも、女の子はふつうこんなところに寝転んじゃだめだよ！」と、言って起こしてくれる。

しかし、なぜ男子はいいのに女子はだめなのか。「ふつう」とはなんだろうか。

このときもそうだったが、ふつうとはなんだろうと思うことが時々ある。

そこで、「ふつう」の共通点を探すために、いろいろな「ふつう」を集めてみようと思う。

まず、私が小学4年生のときの話だ。

当時、お気に入りでよく着ていた服があった。しかしある日、女の子のクラスメイトに言いづらそうにこう言われた。

「あのさ……そういう服、ふつうはもう着ないんじゃない？」

「別にいいんだけどね？」

今までただ好きで着ていただけなのに、周りからはそう思われていたのか、自分の服装は、自分は、「ふつう」ではないのかと、とてもショックを受けた。その時も、「ふつう」とはなんだろう、と思った。

また、私の弟はよく「ふつう」がいい、と言う。弟は生まれつき、重度《じゅうど》の乳製品《にゅうせいひん》アレルギーを持っている。そのため、給食の代わりに家からお弁当を持参しなければならなかったり、特別な配慮《はいりょ》が必要で、何かと注目されたりすることが多い。それが嫌で他のことは「ふつう」、なるべく周りと同じようにしたがる。例えば、小学校の習字セットを買う際、母は弟が学校で他の人の習字セットと取り違えないように、みんなと違うデザインのものを買おうとするのだが、弟は学校で売っているみんなと同じデザインの習字セットを買いたい、「ふつう」のがいい、と言う。

ここまで考えてみると、「ふつう」というのは、みんなと同じという意味で使われることが多いように思う。でも、ひなたぼっこをしていた私とそれを注意した女の子の「ふつう」、お気に入りの服を着ていた私の「ふつう」と、それをおかしいと言ってきたクラスメイトの「ふつう」は違う。

「ふつう」というのは、人それぞれ違う。

外国では、靴を履いたままベッドに寝転ぶのが「ふつう」の国がある。靴は玄関で脱いで、ベッドには裸足《はだし》で気持ちよく寝転びたい私にとって、それは「ふつう」ではない。

夏休みの宿題で調べたスイスでは、スーパーでお金を払う前に商品を食べるのは「ふつう」だそうだ。どうせ買うのだから今食べてもいいだろうという理屈らしい。私にとってそれは「ふつう」ではないので、とても驚いた。

これらのことから、「ふつう」は人によって、国によって、環境によって違うのだと思った。

また、前述のひなたぼっこの話だが、後日談がある。いつものように昼休みにひなたぼっこをしていると、またいつもの女の子がやってきたので、「一度一緒にやってみない？」と誘ってみた。半信半疑《はんしんはんぎ》で寝転んだその子だったが、いざやってみると

「空が青くて気持ち良いね！」

と喜んだのだ。その日から、私たちの昼休みのひなたぼっこは、その子にとって「ふつうじゃない」から「ふつう」になった。そして、卒業前最後の昼休みには、担任の先生まで一緒になって、クラスのみんなで校庭に寝転んでひなたぼっこを楽しんだ。このことから、いままで「ふつう」ではないとされていたことが、「ふつう」になることもあると知った。

「ふつう」は、人によって、国によって、環境によって変わる。

「ふつう」は、みんなと同じだから安心感や仲間意識が生まれるが、「ふつうじゃない」と注意されたり注目を浴びたりすることがある。

「ふつう」は、共感されると「ふつうじゃない」から「ふつう」に変わることがある。

人によって「ふつう」が違うからこそ、他人の「ふつう」を完全に理解することは難しいかもしれない。それでも、他人の「ふつう」も受け入れられる自分でいたい。世の中の人たちがみんなそういう気持ちでいられたら、もっとお互いに生きやすく居心地のいい世界になるのではないかと思う。

アマビエ：今日は来てくれてどうもありがとう。よろしくお願いします。今野さんは、中学1年生のときに『ふつうとは』という哲学エッセーを書いたんですね。小学生のときに校庭に寝転んでいたら、「女の子はふつうこんなところに寝転んじゃだめだよ！」って友達に言われた。ふつうって何？　男子はいいのに女子はだめ？　と思ったんですね。

今野：はい。男子と女子の「ふつう」の差を感じて、引っかかりました。

アマビエ：確かに。普段、気軽に言っている言葉を改めて考えたんですね。何気なく「ふつう」と言ってしまっていることっていっぱいあるのかな。

今野：書きはじめたらいろんなエピソードがあふれてきて、懐かしくなったり腹が立ったり。いろいろ考えました。

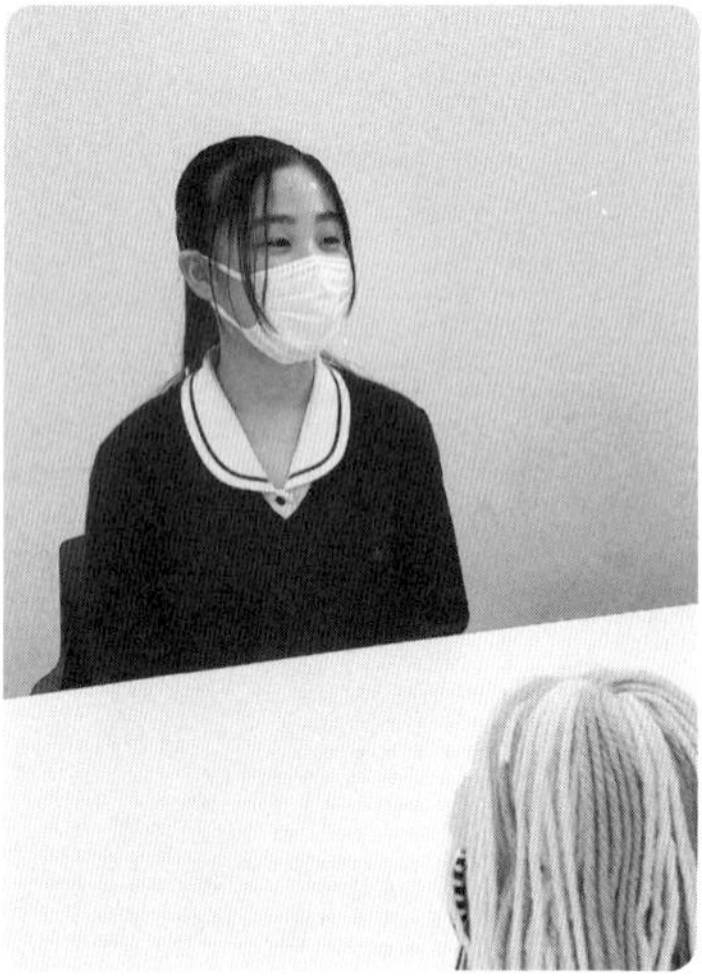

「ふつうとは」という哲学エッセーを書いた今野さん

アマビエ：改めていろいろ考える。それって「哲学すること」ですね。哲学エッセーを書いていく中で、友達と意見を発表し合ったりすると聞きました。
今野：その時間はすごく楽しいです。
アマビエ：人の意見を否定したり、茶化したりしないっていうルールがありますよね。それは皆さん、守れているんですか。
今野：基本、守れていると思います。
アマビエ：それを守れるってすごいことだなと思います。話し合う中で、もし友達と意見が合わなかったりしたときはどうしますか。違うんだなーと、受け入れるだけにするのか、違いを言い合う、議論するのか。
今野：合わないときは……私の場合は結構、相手のほうに寄せちゃうかもしれない。あんまり人と対立したくない。でも、友達との哲学対話の時間は、話すだけで悩みが軽くなったりします。
アマビエ：悩みが消えるわけではないけれど話すと軽くなるんですね。そういう時間や友達があることが、とてもいいなと思います。
今野：友達と話していると、家族と話しているときには感じられない楽しさみたいなのがあるから、話し終わった後には嫌なことを忘れちゃってることが多い。そんな感じです。
アマビエ：みんなで話し合いをしましょうというときに、話したくないとか表現するのが嫌いっていう子もいるんじゃないかと思うんですけど、そういう子に、対話することを楽しんでもらう、関心を持ってもらうアイデアはありますか。
今野：私は直接聞いちゃうかもしれない。静かな子がいたら、「どう？」みたいな感じで聞いちゃうことが多いです。
アマビエ：恐れずに、どんどん聞いちゃうんですね。それで話してくれますか。
今野：結構《けっこう》。
アマビエ：おお。やっぱり友達の力が大きいんですね。
今野：あと、今まで「ふつうじゃなかった」ことが「ふつう」になることもある。小学校卒業前にみんなで楽しく校庭に寝転べたのでよかったなみたいな。
アマビエ：共感が「ふつう」を変えたんですね。先生も一緒にひなたぼっこしたんですよね。読んでいて楽しい気分になりました。
今野：ありがとうございます。
アマビエ：それぞれの「ふつう」っていうのは違っていて、大人と子ども、先生同士でも違うし、妖怪だって多分それぞれ違うかも。それを認め合える、違いを認め合って理解しようと努力するっていうことに中学生で気付いたことがすごいって思いました。

今野：この学校がすごい個性がある人が多くて。だから、みんな「ふつう」が結構違うんです。

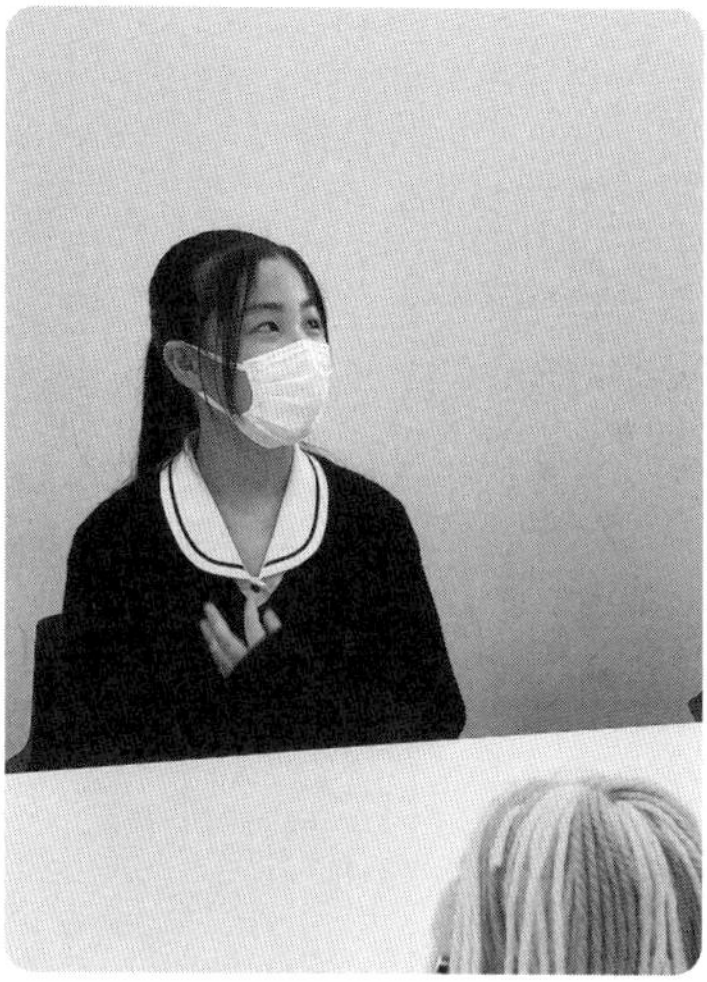

「今までふつうじゃなかったことがふつうになることがある」という

アマビエ：そうなんですね！　同調圧力とかないのでしょうか？

今野：ないです。

アマビエ：個性を認め合えるような雰囲気がある？

今野：はい。

アマビエ：居心地がよさそうな学校だなー。自分らしくいられるって大事！　そのみずみずしい感性でまた哲学エッセーを書いてくださいね。お話してくれてどうもありがとう！

「気持ちの裏側」──中学3年生（受賞当時）庄司悠乃《しょうじゆの》さん

死にたい。消えてなくなりたい。そう思ってしまうこと、思ってしまったことがありますか。日常の中で軽く思ってしまうこと、たくさんの嫌なことが積み重なり心の底から思ってしまうこと、それぞれ重さは人それぞれ違ってもあるのではないでしょうか。私は少し前の哲学の授業で安楽死《あんらくし》・尊厳死《そんげんし》について学んだことをきっかけに死にたいと思ってしまうこと、死について考えてみようと思いました。

まず私が哲学の授業で学んだことについてです。皆さんは安楽死・尊厳死という言葉を聞いたことがありますか。安楽死、尊厳死、どちらも自ら死を選び人生を終えるということは同じです。しかし少し違いがあります。安楽死というのは何らかの理由で回復の見込みがなくなったときに意図的に寿命を縮めて死をもたらすことです。一方、尊厳死というのは意図的に寿命を縮めることはせずに、自然に任せて残された人生を人間としての尊厳を保ったままその人らしく死ぬことです。尊厳死も安楽死も他国には認められている国がある中、日本では未だ認められていません。また授業の中で問題点として話し合ったのは「もしも家族が尊厳死・安楽死を望んだときあなたはどうするか」ということです。

授業の中では「賛成する」「反対する」「今は賛成すると言えるが、いざとなったとき賛成できる自信はない」「実際に起こらないと想像ができず、わからない」などさまざまな考えが出てきました。そんな中私は「今は家族が望んでいるのなら本人の意思を尊重し本人が選んだ人生を送るべきだと思うと言えるが、実際にそのようなことが起きた場合そのように冷静な判断はできないと思う」という考えがでてきました。そんなこと起きないだろうと思っていてもいつか起きてしまう可能性がゼロではない。ということを頭の中においておかなければならないと感じました。一人称《いちにんしょう》の死、二人称《ににんしょう》の死、三人称《さんにんしょう》の死という言葉があります。一人称というのは自分の死です。二人称の死は身近な人の死、わかりやすくすると家族や友達の死などです。三人称の死は赤の他人の死です。私が今回重点を置いて考えていきたいのは一人称の死、つまり自分自身の死です。

安楽死、尊厳死はどちらも良いものとして取り上げられることはあまりなく、そしてほとんどの人が悲しいこと、残酷なことと考えるものだと思います。またそれらは今よりもっと社会問題点として取り上げられるべきことだと思います。しかし私がいちばん悲しいことだと思うのは自殺《じさつ》です。自殺と聞いて良いイメージをもつ人は世間でほとんど居ないと思います。しかしそこで私は一つ疑問に思うことがあります。尊厳死は法律で認められるか認められないかといった問題が話され、認めた方が良いという考えがある中、自殺についてはそのような考え方がされないことです。私は最初、安楽死・尊厳死と自殺の違いがわかりませんでした。安楽死・尊厳死は病気などで体に回復の見込みがなくなった場合にその状態で生きていくことがつらくなったとき死んで人生を終えるということです。自殺は病気などで体に異常が起きてしまったときに限らず、意図的《いとてき》な行為によって命を絶って人生を終えることです。病気などで自ら死を選ぶことと日常生活の中の苦痛で自ら死を選ぶことは、一体何が違うのでしょうか。自殺をしたいと思うことは決して悪いことではないと思います。死にたいと思ってしまうのは生きたいと思うことがあるように当然のことだと思います。お悩み相談やカウンセラーなど自殺対策に関することが多く行われています。悩んでいることがあるなら相談しよう、そんなことで死にたいと思うなんて馬鹿《ばか》げている、頑張りすぎる必要はない、などという言葉を聞いたことがないでしょうか。誰かに相談できれば楽だろうし、頑張らないということができればこんなにも苦しむことはないのかもしれない。それはきっとみんなわかっているのだと思います。ですがそれができないから最後に自分がいちばん苦しまない選択として自殺ということを選んでしまうのではないでしょうか。今の世の中、綺麗事《きれいごと》が通じるほど楽に生きていける世界ではないと思います。私は隣の席にたまたまいた友達に「死にたいって思ったことある？」と哲学の授業の際に聞いてみたことがあります。その子は「うん、あるよ」と笑いながら答えていました。私はとても衝撃《しょうげき》を受けました。その子への私のイメージはそのようなことを思うような子ではなく、悩みがあるようには見えなかったからです。ですが、それは私の中のその子へのイメージという理想像にすぎず、私、つまり周りにはわからないところで悩んでいたのでした。悩みがあるのは自分だけではなく、悩んでいるように見えない子でもみんなが知らないところで悩んでいる。泣いているかもしれない。では、なぜ人は悩んでしまうのでしょうか。悩むということは改善したい、今の状態をどうにかしたい。そのような思いがあるから悩むのではないでしょうか。休日という休みの日があるから学校に行きたくない。学校が嫌だと感じるからこそ休みの日をありがたいと思える。と言ったことと同じように、幸せになりたい、笑いたいという思いがあるからこそ人は悩んでしまうのではないでしょうか。逆に言えば、悩みがあるからこそ、うれしいことや、幸せなことがあったときに、その物事をうれしい、幸せと感じることができるのです。死にたい、その裏側《うらがわ》にある自分自身の心の奥にある、本当の気持ちに耳を傾けてみることが大切です。相談をしたり、話を聞いてもらったりして心が軽くなることはあるでしょう。誰かに支えてもらうことで変わることも沢山あると思います。それらは大事なことです。しかし他者に理解してもらえることには限界があるのです。その人は相談を聞いてくれたのであって全く同じことを自分と同じように体験したわけではないのです。自分の気持ちを全て理解してあげられるのは自分だけだと思います。自分が何をしたいのか、本当に思っていることは何なのか、それをじっくり考えてみる時間は必要です。

日本人の若い世代の死因《しいん》の1位は自殺です。若い世代で死因の1位が自殺となっているのは先進国の中で日本だけです。では、なぜこんなにも日本は死んでしまいたいと思い、思いすぎてしまったがために自殺をしてしまう人が多くいるのでしょうか。私はカナダに行き、カナダの学校で学校説明を受け見学をした際にとても驚いたことがありました。それは授業中におかしを平気で食べ、パソコンを好きなときに使っていること。また、好きな服でみんな登校していて帰る時間も人それぞれであるということ。また髪型、髪色も自由でピアスを開けるのも自由だということです。ほとんどの日本の学校ではありえないことです。私はこの状況を知って思ったことがあります。日本に死にたいと思ってしまう人、生きづらいと感じる人が多いのは日本が自分の思っていることすら言いづらく、同調圧力で物事が解決されてしまう国だからなのではないだろうか、ということです。みんなが生きやすくなるために学校のルール、日本の規則から変わることが必要なのではないでしょうか。

みんなが生きやすい世の中にするために、周りの意見や世間の一般論に流されるのではなく、自分の中の本当の気持ちを聞いてあげることを大切にすることが必要だと思います。そして少しでも世の中が生きやすくなることで、死にたい、消えたいという気持ちから自殺してしまう人が減ってほしいです。～に会いたい、～が食べたい、～したい、そんな小さな欲を毎日少しずつ見つけていってください。今を生きているみんなが正直な気持ちを心の中から出すことのできる環境になったらいいなと思います。自分の気持ちにもっと正直になってみてもいいんです。

アマビエ：高校1年生の庄司さん。よろしくお願いします。中学3年生のときに書いた哲学エッセーですね。「気持ちの裏側」というタイトル。悩みの裏には普段気付けていなかった自分の気持ちがあることに気付いた。それを心の中から出すことのできる世の中になるといいな、という哲学エッセーですね。文章の出だしが衝撃的《しょうげきてき》です。「死にたい。消えてなくなりたい……」。どきっとしますね。死には一人称の死、二人称の死、三人称の死があると。そこで、庄司さんは一人称の死、

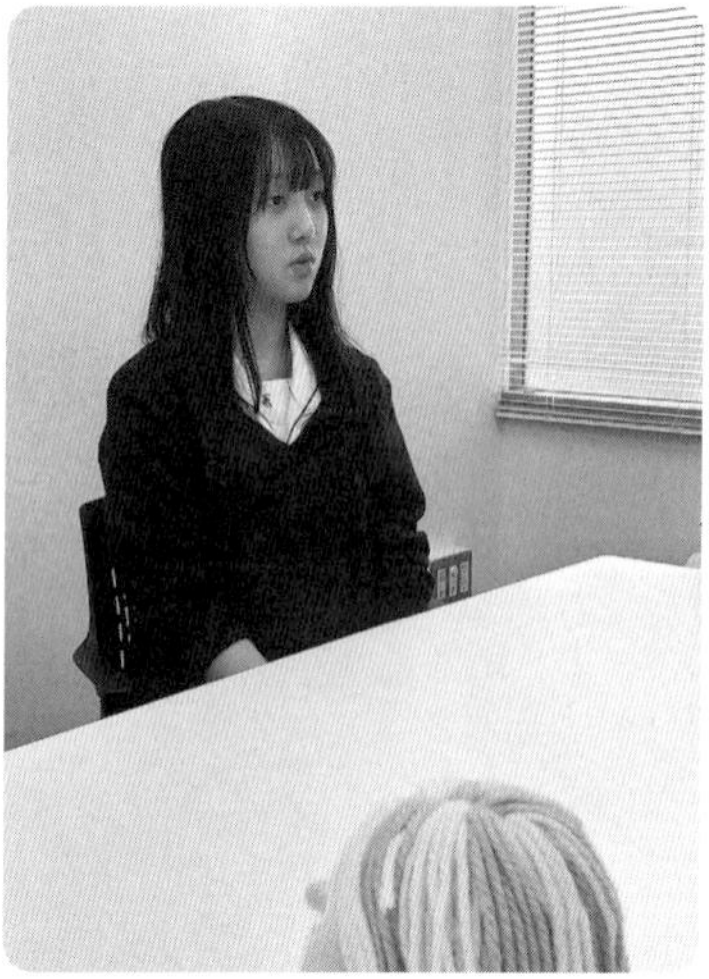

「気持ちの裏側」という哲学エッセーを書いた庄司さん
「友達に相談すれば楽にはなるけれど、本当の自分の気持ちを理解してあげられるのは自分自身だけ」と語る

つまり自分の死について考えてみたと。

庄司：哲学の授業で安楽死・尊厳死について習って、みんなで安楽死・尊厳死の動画を見た後に、「死にたいと思ったことある？」って隣の席の子に聞いてみました。そうしたらその子が「あるよ」って言っていて。悩みがあるように見えない子でも知らないところで悩んでいるかもしれない、泣いてるかもしれない、と気が付きました。

アマビエ：そうですよね。外からは見えない気持ちっていっぱいあると思います。それをさらっと聞ける授業ってすごいと思いました。みんなで同じ動画を見て学ぶことから始まるからこそ、重い話題に向き合う準備が自然とできるんですね。もし問いかけに対して、相手の子が答えてくれなかったらどうしますか。

庄司：質問の仕方を変えます。

アマビエ：なるほど。質問の仕方を変えて、また聞いてみるんですね。

庄司：それで話してくれるようだったら、そこから話すみたいな感じで。話してくれないようだったら、知られたくないんだなって思って、聞かないです。

アマビエ：一度ではあきらめないところに真摯《しんし》さを感じます。二度聞かれたら、話してみようかな、と思うかもしれないし、でもそれ以上は聞かない。思いやりを感じます。庄司さんは普段から死について考えることが多かったんですか。

庄司：そこまでではないですけど、周りから見たら元気だけど、その子と真剣に2人だけでちょっと話をしてみたら、ほんとはつらかったみたいな子に何人か会ったことがあったので、そこから考えるようになりました。

アマビエ：今まで出会った友達とのことから出てきたテーマなんですね。なかなか普段オープンにできないようなテーマだと思うんですけど、この学校だからこそ普通に話せるということですね。

庄司：はい。哲学エッセーを書いてから結構言われました。え、こんなこと考えてたの？　って。印象が違ったたって。

アマビエ：書いていいし、話していいんだって思うと心に自由が生まれますよね。そういう意味でも庄司さんのこの文章を読むことで、これからの生徒さんの哲学対話も深まるような気がします。

　で、庄司さんは「なぜ死にたいと思うのか。なぜ悩むのか。改善したいと思うからだ」と気が付いた。つまり、悩むっていうことは、その裏側に幸せになりたいという気持ちがあるからだと。それがタイトル「気持ちの裏側」の意味なんですね。そこに目を向けたことによって、自分自身への理解も深まりましたか。

庄司：はい。いつでも相談していいよって言ってくれる友達が何人かいて、その子たちに悩みを相談すると気持ちが楽になるんです。でも、根本的な悩みが解決されたわけじゃないから、また夜になったり、一人になったりすると落ち込んで。それにつられて悩みも思い出しちゃう。話しただけじゃ変わらないんだなって思ってしまいます。

アマビエ：それで「他者に支えてもらうことは大事だけれども、自分の気持ちを理解してあげられるのは自分自身だけだ」と考えたんですね。自分の気持ち、そして気持ちの裏側までじっくり考えてみることが必要だ、と。すごく大人っぽいと思いました。

庄司：裏側に気付いたきっかけは、朝、起きるのが苦手で学校に行きたくないなって思ったときに、行きたくないって思うのは毎日学校があるからだなって（笑）。

アマビエ：わかりやすいです！　ちなみに、コロナ禍での緊急《きんきゅう》事態《じたい》宣言《せんげん》のときとか、学校はお休みになったんですか。

庄司：授業がオンラインになって、一時期学校がなかったときがありました。

アマビエ：そういうときは行きたいなって思いましたか。

庄司：あ、思いました！　いつもは思わないのに。自分でもびっくりしました。

アマビエ：安楽死・尊厳死の授業での友達との対話をきっかけに人の気持ちの裏側に気付いて、日常においても自分の気持ちの裏側に目を向けてみたという庄司さんの哲学エッセー、思考を深めていく道筋を見たような気がしました。考え続ける人は、自分自身を育て、周りの人も大切にしていける人だと思います。お話してくれてどうもありがとう！

「人の老い」——中学3年生（受賞当時） 吉田美玖さん

久しぶりに会った祖母の背中が小さくなったと感じた。祖父の歩く速さがゆっくりになったと感じた。生きている私達にとって避《さ》けることのできない「老い」について考えてみました。私達が小さい頃、祖父母は、ご飯を食べさせてくれたり、外を歩くときは手を繋《つな》いでくれたり、いつも私の面倒を見てくれました。しかし、当たり前ではありますがここ最近は、私が祖父母の身の回りに気を配る場面が多くなってきました。暗い道を歩くときは、足元をライトで照らしたり、聞こえないときは大きな声で話したりします。少しずつ老いていく祖父母を見てなんとなく悲しい気持ちになったこともありました。

「老い」と聞くとマイナスなイメージを持っていた私ですが、はっきり言って祖父母はとても元気です。優しい祖母との会話にはいつでも笑いがあり、少し酔《よ》った祖父のおやじギャグはまだ健在です。会いに行ったり電話をしたりしたときの祖父母の温かさは変わらずあります。そして、何より私が悩んでいるときに、祖父母は自分たちの経験をもとに私にアドバイスをくれます。実際にさまざまな経験をしてきた祖父母のアドバイスはとても的確で、とても心強いのです。

今回、祖父母との関わりの中から「老い」について考えることができました。背が小さくなり、耳が遠くなり、目が見えなくなり、身体的な「老い」は確かにあまりプラスのイメージではありません。しかし精神的な「老い」は、とてつもなく最強でした。七十年、八十年と人生を歩んできた中での経験と体験は少しくらいのことでは折れない強さを持っています。そして「老い」という言葉は、一般的には高齢になるにつれ変化していく様子を表しているように解釈していましたが、私たちは日々さまざまな経験や体験をして、精神的に老いているのだと思います。「老い」とは私たちが日々「成長」していくことと同じことだと思いました。時間が経てば勝手に老いるのではなく、祖父母のようにパワフルに老いることができるように、挑戦する気持ちや何事もあきらめない気持ちで物事に取り組んでいけたらと思います。

アマビエ：吉田さんは現在高校3年生ですが、今日は中学3年生のときに書かれた「人の老い」という哲学エッセーについてお話を聞かせてください。おじいさま、おばあさまと接する中で、避けることのできない老いについて考えてみたと。老いはマイナスなのか？　という問いを立てたんですね。
　吉田さんは、身体的な老いはプラスのイメージはないけれど、プラス面を考えられないか？　と考えたんですね。そんなふうに考えてくれる孫娘《まごむすめ》がいたら幸せです！
吉田：精神的な老いは最強だと感じました。
アマビエ：最強、それは具体的にどんなことですか。
吉田：例えば、成績とかを祖父母に見せて、ここだめだったんだよねとか、自分がうまくいかなかったこととかを話したりすると、アドバイスをくれます。自分もこうだったけど、結局はこうだったよっていうふうに、自分の経験を踏まえて言ってくれます。やっぱり長年生きてきた人の経験とか話を聞くと説得力があります。今の自分はメンタル的にすごく沈んでいても、そうなんだなとか、いつかはそう思えるようにしていきたいなって、ポジティブに考えられるようになりました。そういう部分では、生きている年

「人の老い」という哲学エッセーを書いた吉田さん

数には勝てない何かがあるんだなって思いました。

アマビエ：生きている年数には説得力がありますか……。ちなみにわたしは江戸時代から生きてるみたいですけど（笑）。成績以外にもお友達関係とか、学校生活について相談したりすることもありますか。

吉田：あります。学校であったこととか日常的な会話は結構するので、例えば行事の中で何かを決めるときにちょっと友達ともめちゃった話とか、進路の話とかもします。

アマビエ：そうなんですね！　本文の最後に「パワフルに老いることができるように、挑戦する気持ちや何事もあきらめない気持ちで物事に取り組んでいけたらと思います」とありますね。わたしも何となくそう思って生きているけれど、具体的にどうしたらいいのかな。パワフルに老いるには何をしたらいいと思いますか。

吉田：祖父母の話を聞いていると、過去のこと、昔のことは変えられないし、どんなに後《こう》悔《かい》したところで変えることはできないから、今自分ができるベストの力を発揮してこれからに活かしていくって。そういう意味のことを祖父母から感じました。

アマビエ：過去は変えられない。そうですね……。吉田さんの老いに対する見方っていうのが、哲学の授業で培った広い視野で見る、多方面から一つのことを見るっていう考え方が元になっているのかなと感じました。

吉田：死についても考えることが多くて。死もそうだし、老いもそうだけど、小さい頃はできることが増えていって、それを他人から褒《ほ》められることが多くなって、それが成長として受け止められるけれど、いつからかそれが老いになっちゃう。周りからはあの人あんなに老いちゃったねとか、最近後ろ姿とか老けたよねとかそういうふうに言われる。マイナス面に変わっていく。成長っていう意味ではずっと変わらないのに、他者の見方で変わっていくんだなって。でも、死に近づいていたとしても、それもその人の一つの成長であって、ネガティブになるんじゃなくて前向きに捉える見方もあるのかなと考えています。

アマビエ：マイナス面をポジティブに見てみる、これは人生の中で、すごく助けになる考

「過去のことは変えられないから、今ベストの力を発揮する」という視点を祖父母から学んだそう

え方ですね！ この哲学エッセーは中学生高校生だけではなく、幅広い年代の人を励ますことができると思いました。

今日は3年前に書かれた哲学エッセーについて伺いましたが、これからますます思考を深めていかれると思います。東洋大京北生として最後の学年を楽しんでくださいね。お話を聞かせてくれてどうもありがとう！

アマビエさんは明るいエネルギーにつつまれました。

今日は3人の女子生徒さんたちに代表してお話をしてもらったけれど、素敵な哲学エッセーは他にもたくさんありました。

★哲学エッセーの書き方

書くことでますます考えが深まり、自己を見つめ、他者、社会との関係も考えていく東洋大学京北中学高等学校生。哲学エッセーはどのように書いていくのでしょうか。具体的な進め方を国語の先生に教えていただきました。

わたしも哲学エッセーに挑戦してみるよ。みんなみたいに上手に書けるかな。

1　まず、日常生活の中で「何でだろう」「どうしてだろう」と思うことを挙げる。

2　1で挙げた問いから「そもそも何でそれを気にしたんだろう」や「そもそも〇〇って

何だろう」を考える。例えば、「友達って必要かな？」から「そもそも友達って何だろう？」について考えてみる。「そもそも」が大事。

3　ある程度書いたら、誰かと交換してコメントをもらう。

4　コメントなども参考にしながら、数カ月かけて哲学エッセーを仕上げていく。

コメントをもらうのは、友達でもいいし教員や保護者の場合もある。そうすると、あ、そっか、その視点が抜けてたんだって気が付くこともあるんだって。視点を変えて世の中を見直すのってすごく面白そう！　ここで哲学対話が始まるんだね。

わたしも妖怪の友達に読んでもらえるかな。

話したり、感想を聞いたりするグループは、中学の場合はクラスや学年をまたいだりするそうだ。だから時には下級生からするどいコメントが来たりもするんだって。もちろん、哲学のルールの「否定しない」という部分が大前提《だいぜんてい》にあるし、気付きを与えるようなコメントが多いそうだ。

みんなが書いた哲学エッセーは、問いを立て、自己を見つめ、さらに第三者の意見を聞きながら何カ月もかけて手直しを繰り返して仕上げていったものなんだね！

アマビエさんは、生徒さんたちの文章はとてもみずみずしく、しっかりしていると感じました。近年は、生成ＡＩなどを使って作文や宿題ができてしまうそうです。でも哲学エッセーには、ＡＩにできない「考えること」「分かち合うこと」「創造すること」がつまっています。

日常の中から問いを立て、自分の頭で深く考え、感じ、それを他者と対話して、とても丁寧に推敲《すいこう》を重ねて文章として表現する。

感性の鋭《するど》い貴重な時期に、学校ぐるみでその力を磨いていくこの取り組み。東洋大学京北中学高等学校の哲学は、いろいろな方向から、「哲学する」ことを進めていることがよくわかりました。

第3章

教室を飛び出して学ぶ東洋大京北生たち

★傍聴席に座ってみる

東洋大学京北高等学校では、約20年前から刑事《けいじ》裁判《さいばん》傍聴《ぼうちょう》学習会を行っています。これは、裁判を傍聴することをきっかけに考えを深め、対話していくという取り組みです。

今日は、みんなと一緒に東京《とうきょう》地方《ちほう》裁判所《さいばんしょ》に来たよ。建物に入るとすぐに荷物検査《にもつけんさ》がある。空港《くうこう》のセキュリティーチェックみたい。カバンをかごに入れてX《えっくす》線手荷物《てにもつ》検査機《けんさき》に通す。自分はゲート式の金属探知機《きんぞくたんちき》をくぐる。危ないものを持っていないか検査するんだね。妖怪は何も持ってないよ。

それから今日の裁判の予定を確認して、自分が傍聴してみたいと思う法廷《ほうてい》に向かう。ものすごくたくさんの法廷があって、毎日いろいろな裁判が行われているんだ。

この取り組みを始めた先生に、お話を聞いてみたよ。

N先生：NIE（Newspaper in Education）という新聞を使った授業を京北でも取り入れていたときのことです。ある放火事件《ほうかじけん》で、「生きるのがいやになったからやった」という容疑者《ようぎしゃ》の犯行動機《はんこうどうき》が報じられ、それを読んだ生徒たちが、「生きるのがいやになったんだったら、一人で死ね！」「そうだ！　そうだ！」と口々に言い始めたんです。

アマビエ：つらい境遇《きょうぐう》にあっても、他の人を巻き込むべきではない、という主張ですね。

アマビエさんも東京地裁（東京地方裁判所／千代田区）に来てみたよ

N先生：はい。その気持ちはよくわかると感じました。でも、生徒たちの言葉遣《づか》いが傍観者的《ぼうかんしゃてき》で、中身のないものに感じ、裁判《さいばん》傍聴から学ぶことが必要だと思いました。

アマビエ：生徒さんたちは変わりましたか。

N先生：はい。傍聴前は「世の中には悪

い人がいて、そういう悪い人が事件を起こす」「そういう人は裁判できちんと裁《さば》いて刑《けい》務所《むしょ》に入れてしまえば世の中がきれいになる」と考えていた生徒たち。でも、傍聴を終えると明らかに違《ちが》う表情《ひょうじょう》になるのです。裁判では、ニュースなどでは語られない事件の実態《じったい》について、言葉を失うようなリアルを目の当たりにするからです。傍聴を体験し、感じたことを静かに語るようになった彼らの言葉は、傍聴前とは全く違ったものになっていくのです。

「裁判を傍聴して」

私は今回初めて刑事裁判傍聴を体験しました。傍聴したのは住居侵入《じゅうきょしんにゅう》、強盗未遂《ごうとうみすい》で裁判にかけられた少年Aでした。検察官《けんさつかん》と弁護人《べんごにん》が質問を始め、少年の生《お》い立《た》ちや家族関係、事件のきっかけや内容を聞いていて、動機《どうき》がとても現代《げんだい》らしいと思いました。事件を起こしたきっかけはSNSのチャットからで、顔も名前も知らない人からの誘いだったのです。少年Aは脅され、誘《さそ》いを断《ことわ》れなかったそうです。私はたった一つの誘いに乗って人生が変わってしまう少年Aを見て考えさせられることがたくさんありました。

自分も同じSNSユーザーとして、顔も名前も知らない人と簡単につながり、犯罪《はんざい》に足を踏み込んでしまうことができてしまうことに、今回の裁判傍聴で気付きました。これから生きていく上で絶対に忘れられない光景《こうけい》になりました。（Mさん）

刑事裁判傍聴学習会は裁判を傍聴するだけにとどまらず、被害者支援《ひがいしゃしえん》団体の人に話を聞いたり、刑期《けいき》を終えた加害者《かがいしゃ》の更生保護施設《こうせいほごしせつ》で話を聞く機会を設けている。また、人間として悩みながら仕事に取り組んでいる検察官や裁判官《さいばんかん》、社会部の新聞記者にも話を聞くことがあるそうだ。

事件に関わる人々みんなが、それぞれの人生の上に立って悩みながら生き、命の尊厳《そんげん》を持っていることを実感すること。そして、みんな社会の中で生き、社会と無関係《むかんけい》ではないということ。ある意味、傍聴しただけの自分たちも個々の裁判の当事者《とうじしゃ》である、という感覚。そういう感覚を養《やしな》い、学びを深めていくのが東洋大学京北中学高等学校の取り組みなんだね。

更生保護施設でお話を聞く生徒たち

「更生保護施設を訪問して」

施設内《しせつない》に入って感じたのは木材が多用《たよう》されていて、想像していたような暗いイメージはなく、温かみのある施設だなということです。更生《こうせい》する人が穏やかな気持ちで生活することができるのではないかと感じました。

この施設の課題は、新宿に近いことで誘惑《ゆうわく》が多いということ。広いスペースが確保《かくほ》できずエレベーターがないということがあります。しかし更生者は夜遅くには外に出ないという点や、高齢《こうれい》で階段がつらい場合には他の施設に移ってもらうということを考えているという点で、欠点《けってん》をカバーしているということがわかりました。

更生保護施設はまだまだ地域の理解が得にくいという問題がありますが、快適《かいてき》に過ごせるようにすることで、再び問題を起こすようなことを防げるのではないかと思いました。

（Sさん）

刑事裁判傍聴学習会は、哲学教育の観点《かんてん》からも思考を深めていく取り組みになっているそうだ。事件そのものについて語った後は、抽象度《ちゅうしょうど》を上げて自分たちの対

裁判所に行くと、傍聴の仕方も学ぶことができるよ

話をする。「罪《つみ》とは」「罰《ばつ》とは」「裁《さば》くとは」「贖《あがな》うとは」「償《つぐな》うとは」「赦《ゆる》すとは」……。

生徒たちが無意識《むいしき》に持っていた価値観《かちかん》や人生観《じんせいかん》が対話によって明らかになっていき、他者との違いを知り、さらに対話を通して自分が変わっていく。人はまだ変われるんだという可能性や願いを知る。それが京北哲学を根底に置いた刑事裁判傍聴学習会なんだね。

アマビエさんは、裁判傍聴という一つの体験からさまざまな学びに広げていくことが、生徒たちを大きく成長させることに驚きました。

日々触れ、獲得《かくとく》する知識《ちしき》というもの、それを中身のない情報として受け止めてほしくないという先生方の願いと真摯《しんし》な姿勢《しせい》を知り、この取り組みの大切さがよくわかりました。

★坐禅をするのは何のため？

東洋大学京北中学高等学校では哲学教育の取り組みの一つとして、参禅《さんぜん》を取り入れています。曹洞宗《そうとうしゅう》萬昌院《ばんしょういん》功運寺《こううんじ》（中学1年全員）、曹洞宗《そうとうしゅう》大本山《だいほんざん》永平寺《えいへいじ》（宿泊研修）、臨済《りんざい》宗《しゅう》大本山《だいほんざん》建長寺《けんちょうじ》（一日研修）での坐禅《ざぜん》体験。

坐禅はみんなの心や体にどんな変化をもたらすのでしょう。

アマビエさんもみんなと一緒に体験してみることにしました。

福井《ふくい》県《けん》吉田《よしだ》郡《ぐん》にある曹洞宗大本山永平寺へはバスに乗って山を登っていきます。東京都内にある学校では見ることの少ない緑深い風景が広がり、少しずつ修行の地に近づくと、空気が変わってきます。

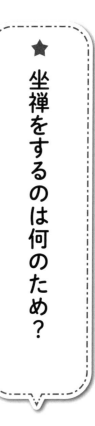

曹洞宗の大本山、永平寺（福井県）へ、「哲学ゼミ」有志による研修

アマビエさんは景色を眺めながら、先生に教えてもらったことを思い出していました。坐禅をする目的は何だろう。なぜ中高生が坐禅を体験するんだろう……。

先生にお話を聞いてみたよ。

M先生：坐禅をする意義。それは、そもそも哲学とは何かという大きな問いから始まるのです。アマビエさんは、「不立文字《ふりゅうもんじ》」という禅の言葉を知っていますか？

アマビエ：ふりゅうもんじ……。初めて聞きました！

M先生：文字や言葉だけに頼らず、体験によって気付くことが大切ということ。対話をしたり、哲学エッセーを書いたり、人間はどうしても文字や言葉に頼ってしまうけれど、それだけではたどり着けない部分がある。そこに体験を通して気付いていく、というこ

永平寺の鐘をつくことができる。鐘をつくと煩悩が消えるそう

となのです。

アマビエ：言葉に頼らずに感覚を研《と》ぎ澄《す》ます……。あ、それは星野校長先生が大切にされている言葉sense《センス》 of《オブ》 wonder《ワンダー》に似ているような気がします！　雑念で頭がいっぱいになっているときは、そういうかすかな感覚は見過ごされてしまいますね。

M先生：そうなんです。その感覚に気付くために、自分の心の声に耳を澄ませたり、身体感覚に意識を向け、言葉以前の感覚まで戻る時間、体験が必要だと考えています。

アマビエ：それで坐禅なんですね。

M先生：はい。だから姿勢を整えて、呼吸に集中し、ただ坐《すわ》る。

アマビエ：ただ坐る……。

M先生：人間は言葉がなければ考えることができません。そして言葉があるということはその言葉を含む文化や価値観から逃れることができないのです。でも、そこからいったん自由になるという経験、それが坐禅なのです。

アマビエ：自分の sense of wonder に向き合うこと。何度でも世界と出会いなおす。そんな時間を大事にしようという取り組み。それが東洋大京北の参禅なんですね。

参加した生徒の感想より

「初めて坐禅に取り組んだときは雑念が多くとても苦痛に感じました。呼吸の仕方に気を配ったり、視線《しせん》の高さをよく考えてから行うようにしていくと、それだけで気持ちがとても楽になりました」

「永平寺の中で行動する際は、普段よりも物音《ものおと》に注意を払わないといけないと感じました。特に坐禅をしている最中《さいちゅう》は、ちょっとした音がするだけで意識がそちらのほうに向いてしまいます。自分が周りの人の気を散らすことがないように、丁寧に丁寧に行動するようにしていると、いつもより落ち着いた行動が取れるようになっていると

永平寺での修行体験には、寺構内の掃除も含まれている

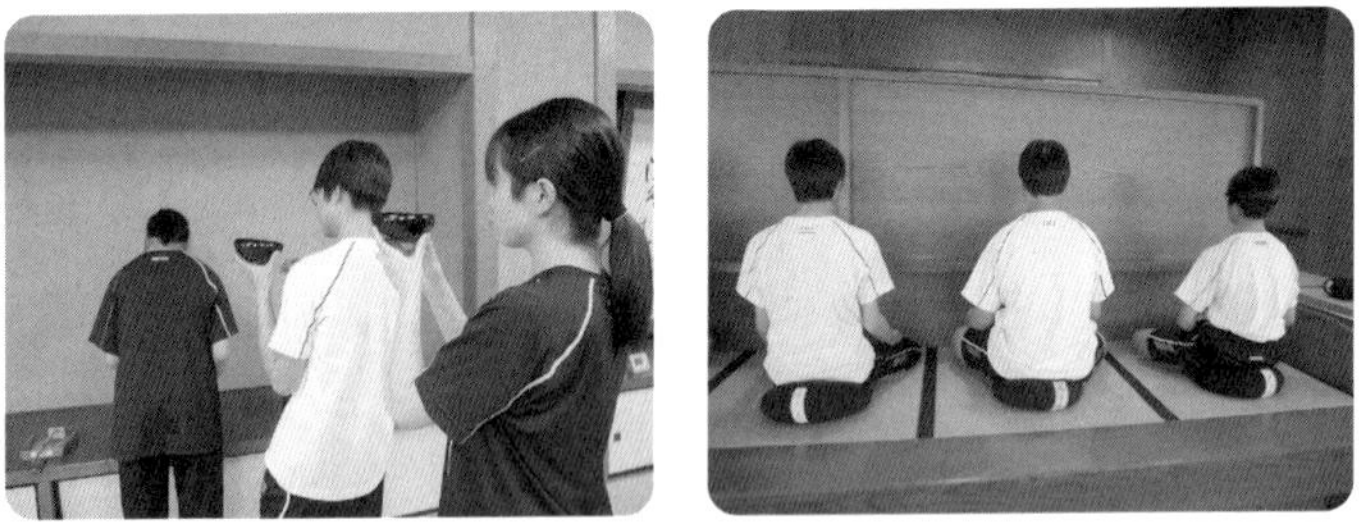

右：坐禅体験中の様子。頭をからっぽにしてただ坐る
左：食事をつくる、いただくことも重要な修行

感じました」

「今回の研修は私にとって自分自身と向き合うとてもいい機会になりました。特に坐禅は自身の体の調子を整えるのに最適《さいてき》だと感じたので、今後の生活にも生かしていこうと思います」

「坐禅では、1日目、2日目、3日目で意識が変わりました。最初は何を考えたらよいのだろうと思っていましたが、息と姿勢を整えればよいと聞き、驚きました。次に普段では体験し得《え》ない精進料理《しょうじんりょうり》の作法《さほう》を学んだことがとても良い経験となりました」

「永平寺では生活全てが修行と聞きました。睡眠、坐禅、食事、掃除、風呂、その他生活の全てを大切にしているということで、体が休まる時間がほとんどない緊張《きんちょう》の毎日であるということ。それを平然《へいぜん》と行っているお坊さんたちはやはりすごいなと思いました」

修行ってどんなことをするの？

修行僧、雲水の1日のスケジュール（曹洞宗永平寺の例）

起床（振鈴）3:00〜3:30（冬は4:30）➡暁天坐禅（朝の坐禅）➡朝課（堂内ふぎん、読経）⇒小食（朝ごはん）⇒坐禅、作務、講義➡日中ふぎん（昼のお勤め）⇒中食（一汁一菜）⇒坐禅、作務、講義⇒行茶（15時のお茶。師匠と対話）➡晩課17時（読経）⇒開浴（4、9のつく日に風呂に入る、頭も剃る、いわば休日）⇒薬石19時（晩ごはん）➡夜坐（夜の坐禅）⇒開枕21時に就寝

1日で4回坐禅する！夜坐が一番長く、60分ほど坐る！

作務（さむ）＝布団運び、回廊掃除、ガラス拭きなどがあり、季節によってさらに加わる。

3と8のつく日は念誦（仏の加護を祈り、経文や仏の名号または真言などを唱える）などがある。

アマビエさんは、坐禅という体験を通して自分自身と徹底的に向き合う経験は、自分の sense of wonder に気付くのと同時に、それまでの知識がごく限られたものに過ぎなかったということを知るきっかけにもなると思いました。

今度はどんな体験をしてみようかな。それを考えることは、自身の生き方や価値観を再検討《さいけんとう》し吟味《ぎんみ》することにもなりそうだよ。

★社会課題について考える「哲学ゼミ」

哲学ゼミは、中3、高1・2年の有志《ゆうし》（15人～20人）が参加して、さまざまな場所へ出かけ、合宿を行います。国内を中心に現場で社会課題に気付き、深く学ぶことを目的としています。

2015年　岩手県大槌町《いわてけんおおつちちょう》「大震災《だいしんさい》と津波《つなみ》」
2016年　沖縄「沖縄戦《おきなわせん》と基地問題《きちもんだい》」
2017年　熊本「生まれくる命をめぐる対話」
2018年　石川・佐渡《さど》「自然との邂逅《かいこう》」
2019年　北海道「多民族共生《たみんぞくきょうせい》」

(感染症対応のため中断)
2024年　対馬《つしま》・釜山《ぷさん》「国境《こっきょう》の道をゆく」

今までにいろんなところに行ったんだね。
2024年8月は、12名の生徒と先生が対馬・釜山の旅に出かけたよ。どんな学びがあったのかな。引率《いんそつ》の先生にお話を聞いてみたよ。

T先生：長崎県に属《ぞく》する対馬は、海に囲まれた日本において直接外国の地を見ることができる数少ない場所なんです。白村江《はくそんこう》の戦い、刀伊《とい》の入寇《にゅうこう》、蒙《もう》古《こ》襲来《しゅうらい》、秀吉《ひでよし》の朝鮮《ちょうせん》出兵《しゅっぺい》、日本海海戦など、戦いの最前線《さいぜんせん》でもありました。一方で、対馬は日本と朝鮮半島《ちょうせんはんとう》との懸《か》け橋になろうと常に努力し続けてきた島なのです。

対馬では、街のあちこちで韓国語が見られる

アマビエ：現在も自衛隊《じえいたい》の基地《きち》が数多くあると聞きました。どんなことを学んでほしいと思って企画をしたのですか。
T先生：学んでほしいことをこちらが用意するのではなく、生徒たちには自ら気付いてほしいと考えました。
アマビエ：自ら問いを持つように？
T先生：はい。さまざまな学びの可能性のある場所へ行き、自分の足で歩いてみる。人と出会ってみることが大事だと考えています。そのために、宿泊先のホテルではあえて食事を付けず、みんなは町へ出て、自分たちで食堂を見つけ、食事をしました。
アマビエ：地元の人たちと会話をしなければ、ごはんが食べられない状況ですね。
T先生：哲学ゼミの取り組みには3つの大きな柱があります。**①五感《ごかん》を使って体験する　②感じたことをもとに仲間と対話する　③それをきっかけに自分自身の生き方を考える**学習用につくられた教材から学ぶのではなく、生きていることそのものが学びであるという経験を大事にしています。
アマビエ：企画は先生方の手作りだと聞きました。
T先生：はい。そして、帰ってきてからもずっと学びが続いていくことが大事なんです。

参加した生徒の感想

「天気がいいと、ここから韓国が見えるんだよ」と長い水平線を指さしながら対馬の人は言った。東京に住む私は今まで国境《こっきょう》や隣国《りんごく》を意識したことはなかった。国境の対馬は直線距《きょ》離《り》でも九州とは１２０km、韓国とは約50km離れており、韓国のほうが距離が近い。だから昔から日本と韓国の仲介者《ちゅうかいしゃ》だった。

対馬は日本人よりむしろ韓国人が経済を回しているのだなと思った。また、対馬では朝鮮通信使《つうしんし》行列のイベントに参加した。朝鮮通信使というのは朝鮮国王が日本に送った使節《しせつ》。国《こく》書《しょ》を届けたり文化を伝えたりする役割があった。韓国の装束《しょうぞく》に身を包んで通信使の歩んだ道をたどることで、朝鮮と日本の交流の歴史を学ぶことができた。

朝鮮通信使行列のイベントに参加。韓国の装束を実際に体験した

対馬から船で釜山に渡った。釜山は思ったよりも日本人にフレンドリーで、案内してくれた釜山外国

語大学校で学ぶ釜山の高校生ともすぐに仲良くなることができた。

公園で私たちが旅の感想を述べあっていると、一人の韓国人男性が流暢《りゅうちょう》な日本語で会話に混ざってきた。その人は次のようなことを言ってくれた。

「皆さんは日本からいらっしゃって、いろいろな経験を自由に正直に率直《そっちょく》に話したあなた方に心から感謝《かんしゃ》します。私の個人の意見ですけど、日韓関係《にっかんかんけい》は重要《じゅうよう》ですね。だからあなたたちのように心の窓を開いて、日韓関係がうまくできるように頑張《がんば》っている授業を見て、私はうれしいです。日本の明るい将来はあなた方の肩《かた》と、空の星のようにピカピカの目にあると思います。いい日韓関係のために頑張ってください」

釜山滞在中にパスポートをなくすという大きなトラブルがあったが、警察署《けいさつしょ》の方々は落ち込む私に大変親身《しんみ》に、そして温かく接してくださった。現地で対話することで、行く前の先入観は変わり、行った先でいろいろな出来事に見舞われたとしても、一歩踏み出してみることが大切なのだと感じた。（Iさん）

海を渡って、対馬（日本）と釜山（韓国）を行き来。韓国との距離感を肌で感じることができた

パスポートをなくすというトラブルも、一つの学びであり、思い出

いろんな人と会話し、ふれあい、体験する哲学ゼミ。それは社会課題に向き合い、その社会で生きることと自身の在り方を結び付けて考えることの始まり。

そして、自分の理解は不十分であることを知り、仲間と同じ経験をしても全く異なる考えや感想を持つこともあるということにも気付く機会になるんだね。

★考えたことを形にする「哲学ラボ」

土曜日の午後、アマビエさんは哲学ラボ（創造力育成《そうぞうりょくいくせい》プログラム）の活動を見に来ました。哲学ラボは20名程度の高校生を中心に２０５０年問題を考えることで未来を拓《ひら》く力の修得を目指しています。

教室に集まってきたみんなは礼儀《れいぎ》正《ただ》しく、とても大人っぽく見えた。講師《こうし》の先生のお話が始まると熱心《ねっしん》に耳を傾け、パソコンを操作《そうさ》し、特許《とっきょ》について学んでいた。先生や仲間と自由に意見交換《いけんこうかん》する場面もあって、楽しい雰囲気《ふんいき》が教室を満《み》たしていたよ。

哲学ラボというのは、円了先生の教えをもとに、「考えるだけの自己満足《じこまんぞく》に陥《おちい》らないように真理《しんり》を追究《ついきゅう》し、それを実現すること」を目的にしているんだって。例えば、単に幸福になりたいと考えているだけではなく、まず、本当の幸福《こうふく》とは何であるかを考え（向上《こうじょう》門《もん》）、次にそれを実現していく方法（向下門《こうげもん》）を考え、さまざまな活動を楽しむことを通して、「発想力《はっそうりょく》」と「思考力《しこうりょく》」を育み、未来で活躍できる力にする。

具体的にはどんな活動をしているのかな。

4つの活動

・知財教材《ちざいきょうざい》による発想法学習《はっそうほうがくしゅう》、文部科学省主催《もんぶかがくしょうしゅさい》のパテントコンテストへの応募《おうぼ》（優秀賞に選ばれ特許権と意匠権を取得）
・海外の方との交流
・「幸福論《こうふくろん》」の研究
・企業訪問（バンダイ・ナムコ／三菱電機／ＪＡＸＡなどでの研修）

哲学ラボの生徒の感想より

・この活動で最も有意義《ゆういぎ》だったのは「討論《とうろん》の時間」だったと思います。常に自分が思考《しこう》し、発言し、また思考を繰り返すあの時間は、通常のクラスで行う小規模《しょうきぼ》な話し合いとはまるで異なるものでした。また、さまざまな人とのつながりを持てたこと、バンダイミュージアムや三菱電機《みつびしでんき》の見学に行けたことなど、この活動の利点《りてん》であったと思います。これからはこの経験、そして「根拠《こんきょ》なき自信」を元に、受験やその後の進路へと活かしていきたいと思います。

・私は、ラボを通して壁《かべ》は高いほうが乗り越えることが楽しいことを知りました。本当の楽しさを感じるには、自分よりうんと高い壁を確実な一歩を少しずつ歩みながら乗り越えることです。私は英語でのプレゼンも台本暗記《だいほんあんき》も根拠《こんきょ》を持って考えることもすごく苦手でした。これを乗り越えたときは何とも言えない誇《ほこ》りと達成感《たっせいかん》を感じました。きっとこれは勉強以外にも生きている間にぶち当たる壁、全てに言えることなのではないかと思います。

アマビエさんは、みんなの感想を読んで哲学ラボが円了先生の向下門を実現していく一歩であり、とても充実した活動であることを知りました。一見難しそうな取り組みだけれど、哲学対話の姿勢があってこそ、力が発揮されているのではないかと感じました。

哲学ラボの活動では、楽しみながら「発想力」や「思考力」を育んでいる

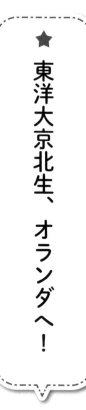

★東洋大京北生、オランダへ！

２０２４年秋、17人の生徒と先生はオランダに向けて出発しました。これは哲学ラボの活動の一環で、希望者《きぼうしゃ》による研修《けんしゅう》です。メンバーは事前《じぜん》の選考課題《せんこうかだい》「オランダプログラム研修にのぞむこと」「２０５０年問題への提言《ていげん》」というレポートと面接《めんせつ》によって選抜《せんばつ》され、十分な事前学習も行われました。

アマビエ：オランダを研修先に選んだ理由を教えてください。

F先生：オランダと日本は５００年以上のお付き合いがあります。日本の九州と同じくらいの国土に１７００万人が暮らし、貿易立国《ぼうえきりっこく》として繁栄《はんえい》しています。先進的な農業の発展、安楽死《あんらくし》の世界初の合法化《ごうほうか》という価値観《かちかん》、「働きがいのある人間らしい仕事」と訳されるディーセントワークなど、オランダに学ぶことはたくさんあります。
ー先生：子どもの幸福度ランキングでは世界№1。さらにオランダは国民の90％以上が英語も話し、コミュニケーションに困らない国でもあるのです。

　アマビエさんは、ラボメンバーが作成した楽しいしおり『おらオランダ行くンダ』を見ながら、現地でのお話を聞いていろいろなことに気付きました。

オランダ・ライデン大学で英語でプレゼンする様子

・ライデン大学でプレゼン

　ライデン大学はオランダ最古《さいこ》の総合大学で、日本語学科では300人以上の学生が日本語を学んでいるんだって！

　みんなは2050年問題について3つのグループに分かれ、「コーヒー問題」「LGBTQ」「食料自給率《しょくりょうじきゅうりつ》」について英語でプレゼンテーションを行ったそうだ。面白い発想《はっそう》を堂々《どうどう》と発表したことは自信にもつながったし、大学生とのディスカッションはとてもいい経験になったそうだ。

大学生と英語でディスカッション。相手を受け止める対話の仕方を学んだ

参加した生徒の感想

オランダの人は良いことも悪いことも率直《そっちょく》に表現する。日本語学科だけれど英語力もすごい。「あなた、英語下手ね」と言われて悔しかったけれど、「それは日本語で言うとこういうこと？」と日本語で言い直してくれたりも。「それ、わかりにくい」「そこはいいんだけど、でも」のように、はっきり言うけどちゃんと対話に持っていってくれる。こちらの意見を聞いてくれる。それがやりやすかったし楽しかった。相手を受け止める対話の仕方をオランダからもっと学んで生かしたいと思った。

・在ベルギー日本国大使館・欧州連合日本政府代表部訪問

EU代表部のSさんおよび日本国大使館《にほんこくたいしかん》のFさんと懇談《こんだん》。外交官《がいこうかん》の仕事やキャリア、国《こく》際情勢《さいじょうせい》、日本の国益《こくえき》を守るための取り組み、普遍的な価値観に基づく国際協力など、生徒のみんなはいろいろな質問をしたんだって。それについて、お二人は明晰《めいせき》かつ客観的に答えてくださり、その知的で親しみやすい姿勢に、みんなは尊敬の念を抱いたそうだ。懇談会の終了後にも質問が止まらなかったみたいだよ。

・エラスムス大学で留学の意義を考える

エラスムス大学では、日本からの留学生、Uさんとの対話がとても有意義だったそうだ。

彼は日本の進学校に通っていたが、大学受験を前にして自分が何のために大学に行くのかを考え、周りからどう思われるかを基準《きじゅん》に競争《きょうそう》するのは違うのではないかと気付き、海外を目指したそうだ。エラスムス大学での学びは決して楽ではなかったけれども、自分が何を学びたいのか、そのためにどういう生き方をすればいいのかをじっくりと見つめることができ、むしろ時間がゆっくり過ぎるように感じたそうだ。Uさんとたくさん対話したみんなは、人生の選択肢《せんたくし》について具体的に考え始めたみたいだよ。

世界遺産キンデルダイク風車群にて

午後はユネスコ世界遺産《せかいいさん》であるキンデルダイク風車群《ふうしゃぐん》を訪れ、オランダの自然と文化に触れる時間を過ごしたんだって。わたしも行ってみたいな。

・コーンハート高校での交流

歓迎《かんげい》してくださった校長のAnja先生によると、オランダの教育は幅広い選択肢があり、学校を自由に選べるという特徴《とくちょう》がある。早い段階で進む方向を考え、何を学ぶか自分で決められるらしい。みんなは高校で一日を過ごし、たくさんの友人をつくり、日本にはない「演劇科《えんげきか》」の授業を体験することもできたみたいだよ。

参加した生徒の感想

・向こうの高校生は、街中を歩いているだけのときにも「将来何をしたいの?」という会話を普通にする。今回、10人以上の子とアドレス交換した。帰国してからも毎日連絡を取り合っている子もいる。対話は楽しくアグレッシブ。英語が未熟《みじゅく》でもとにかく話してみると、応えてくれる。滞在中《たいざいちゅう》にだんだん理解できるようになってきて、はっきりと言われることにも慣れてきて、言われたら自分も言う、みたいな。自分の言葉で思ったことを伝えたい。英語の勉強、頑張る!

・オランダは自然を大切にしていると感じた。高校の近くには森があって緑が多かった。自然環境も人も違うと感じた。街の人が積極的に話しかけてくれて、困っていたら助けてくれる。積極性の違いを感じて、オランダにいたら自分も積極的になれるような気がした。オランダが大好きになった。

アマビエ：みんなは自信をつけ、新たな目標も持って帰ってきましたね。

Ｉ先生：オランダプログラムは、生徒たちにとって「自立《じりつ》と挑戦《ちょうせん》」の場であり、異文化理解《いぶんかりかい》やグローバルな視野を広げる貴重な機会になったと思います。

Ｆ先生：「世界は神がつくったがオランダはオランダ人がつくった」という言葉があります。生徒たちには日本という国の未来を、世界を、動かす人になってほしいと願っています。

アマビエさんはみんなのお話を聞いてわくわくしました。

哲学ラボの使命は〝人々が幸せに暮らせる世界創《づく》りに寄与《きよ》する青年の育成〟。

みんなの一つひとつの経験と努力が世界の未来を支えていくに違いない。そう感じました。

日本を飛び出し視野が広がった。そして「根拠なき自信」を手に入れた

第4章

東洋大学京北中学高等学校の現在と未来

東洋大学京北中学高等学校 若手教員座談会

【参加者】
吉《よし》田《だ》悠《ゆう》人《と》先生　理科6年目
髙《たか》橋《はし》　涼《りょう》先生　社会8年目　卒業生
加《か》藤《とう》里《り》穂《ほ》先生　数学・情報2年目　卒業生
齋《さい》藤《とう》楓《ふう》大《た》先生　理科3年目　卒業生
糸《いと》塚《つか》奈《な》保《お》子《こ》先生　音楽10年目

若手の先生に未来について聞いてみました！

学校の良いところを教えてください

吉田：校舎《こうしゃ》が新しくてオープンなつくりのせいもあるのか生徒と教員がフランクな関係です。哲学の授業は教員それぞれ個性的《こせいてき》で、アプローチが違うのが面白いです。

髙橋：卒業生が、文化祭にも来るし、成人式《せいじんしき》の後にもたくさん来てくれます。良いことがあっても悪いことがあっても報告しに帰ってきてくれる。私立なので昔からの先生が残っているということもありますが、やっぱり在学中《ざいがくちゅう》の生徒と教員が良い関係性《かんけいせい》を築けているからこそ、卒業しても戻ってきたくなる学校なのかなと思います。

加藤：同じく、生徒と教員の距離《きょり》が近いことが良いところだと思います。テスト期間中にわからないことがあったら「今、数学《すうがく》の先生いますか?」みたいに普段《ふだん》の担当ではない教員にも質問しに来たりします。

齋藤：自由がある学校だと思います。私立なので守るべき線はありますが、割と生徒に投げて「考えてごらん」っていうことが多い。それはすごく大事なことだし良いところで、だからこそ生徒同士の仲は良いし、教員との距離も近いのかなと思います。

糸塚：哲学の時間は言いたいことが言える、と生徒が言っていました。普段はあまり自分からは話せないけど、その時間だけはちょっと頑張ってみようかなと。そういう積み重ねがあって、他の場面でも頑張《がんば》ってみよう、となっているのではないかと思います。

生徒の特徴は

加藤：いろいろなプログラムがありますが、募集をかけた瞬間《しゅんかん》に希望者がいっぱい来る。興味関心《きょうみかんしん》を持ってどんどん突き進もうという意欲《いよく》がある子たちが多いと思います。

齋藤：中学生は特にいろいろなことに興味がある子が多い。哲学、理数も、国際のこともいろいろなことができるのがうちのすごく良いところなので、その中で最終的《さいしゅうてき》に自分の将来《しょうらい》を決めていけるといいなと思います。

吉田：中学校に入ると海や山に行きます。中学3年生では伊豆大島《いずおおしま》の火山に行きます。もう山登りです。やっぱりいろいろなものが見えますので、景色《けしき》の中で胸に響《ひび》くというか記憶《きおく》に残る経験をして、興味関心を広げています。

齋藤：帰ってきて教科書を開いたときに、その記憶が「あの時のだ」ってなる。教科書に一文で書いてあることも現地に行ったら一日かけてようやくわかることだったりするのが深い学びになるんです。

髙橋：自分でやりたいと思って参加したものに対する一生懸命さはすごいなと思います。中学生のうちはいろいろなことを経験して、目の前にあることに対して取り組む基本的な姿勢《しせい》を持つ、それが生徒たちの特徴かなと思います。

糸塚：私は今年、坐禅《ざぜん》の引率をしたんですが、体験しておしまいじゃなくて、その後の高校生活にも生かしている子がいっぱいいるような気がします。大変な修行《しゅぎょう》をしているお坊《ぼう》さんたちの生活も体験させてもらって、まだまだ世界は広いな、自分の知らないことがいっぱいあるなって自分の小ささを知る。教員は否定《ひてい》しない。生徒たちの「これやりたい」「これ頑張ってみたい」に対して「いいんじゃない?」「まずやってごらん」と。だから初めは消極的《しょうきょくてき》だった子たちも、じゃあやってみようかなって。頑張っている生徒を見て変わっていくということもあります。

教員にとっての哲学の時間

髙橋：授業はいろいろな想定《そうてい》をしてつくるんですけれども、最終的《さいしゅうてき》な着地点《ちゃくちてん》もわからないし、どうまとめたら良いかわからない。でも教員同士で授業づくりを相談している中で、われわれが一番哲学しているなと感じます。実際に授業をしてみると、生徒からのリアクションは自分たちが想定したものと全く違うものが出てくることもある。思い込みをなくす時間ではないかと思っています。

齋藤：私は３時間の授業をするときに、１時間目だけ決めて、その様子《ようす》次第《しだい》で２時間目をつくり、２時間目次第で３時間目をつくるんです。ずっと試行錯誤《しこうさくご》です。

吉田：マニュアル化が一切できない。生徒から出たものを取り込むと、思っていたほうに行かないし、そもそも思っていたほうに行くことが正しいとも限らない。そういう意味で次の授業を組み立てることができない。終わると悩《なや》む時間が始まります。

加藤：私は東洋大京北を卒業して教員になって帰ってきて、哲学の授業をする側になったときに、どこまで自由にさせてどこで統《とう》制《せい》をきかせるかが難《むずか》しいなと思いました。教員が一番哲学しているっていうのは私も実感《じっかん》しています。

糸塚：日常の中で授業に生かせそうなネタ探しをする楽しさもあります。哲学の時間は答えのないことに向き合うのが大変だけれども自分に欠かせない時間にもなっています。生徒からもたくさん教えてもらいながら、いろいろなことを考えている自分がいるなと思います。

哲学することで生徒たちの変容《へんよう》は

吉田：円了《えんりょう》哲学では、いろいろ勉強する時間が向上門《こうじょうもん》。真理《しんり》を理解した上で世の中のためにどう生かすかが向下門《こうげもん》。その融合が最終的なゴールだと思うんです。だから卒業して大人になってどう還元《かんげん》していくのか。そこで哲学の効果《こうか》がわかるのかな。

加藤：私は社会人になってから、周りのことに興味《きょうみ》を持つことが増えました。自分が変わったところです。生徒たちが、いつか自分の意思で自分のタイミングでいろいろな考えを持つようになるといいなと思います。

齋藤：教員になって指導する立場になってから、文章を書いたり自分の言葉であらわす経験って意外と大事だなって思うときがあります。後になって気付くのです。やっぱり皆さんがおっしゃったように、急に現《あらわ》れる変化はないと思います。

生徒たちにどのように育ってほしい？

髙橋：「自分の人生に誇《ほこ》りと責任を持って歩める人になってほしい」と思います。生徒たちが人生の中で壁《かべ》にぶち当たったとき、

駄目《だめ》だ、この道しかないんだって考えるのではなくて、もっといろいろな方法があるっていうことを哲学の時間を過ごしたことで感じていれば、より幸せな人生になるんじゃないかと思うのです。そのために哲学が視野《しや》を広げる時間になっていればいいなと思います。

糸塚：「相手の視点《してん》で寄《よ》り添《そ》える人になってほしい」と思います。哲学は答えは一つじゃないっていう前提《ぜんてい》から始まっている。いろいろな答えがあっていい。この学校はことあるごとに自分の感情や行動を振《ふ》り返り、向き合う時間がたくさんあります。違う考えに触《ふ》れる機会《きかい》があるのは中高時代にすごく貴重なことだと思います。

一方で、本校は哲学が始まってまだ10年で、まだ余白《よはく》というか、これは他の学校でもできるよねっていうものもゼロじゃないんだろうなと思います。もっと東洋大京北ならではの、うちにしかできない哲学の時間に将来的《しょうらいてき》になっていくといいなと思います。教員の個性《こせい》と経験と、生徒たちと一緒になってつくる、いつかそういう哲学ができるようになったらいいなと。

齋藤：「視点を多く持っている人になってほしい」。さまざまな視点から物事《ものごと》を考えられるように。中3の哲学で自己と社会の話をしたときに、社会のことなんて何にも考えられない、と。みんな、ありきたりなことしか言えないんです。それってなぜだろう、視点が少ないからじゃないかと気付きました。視野が広いっていうのはあくまで自分が見ている。視点が多いっていうのは自分だけではなく他者の側に立って考えることだと。それがないと社会のことは考えられない。それを増やしていってほしいと思います。

吉田：「疑《うたが》う人になってほしい」。今の話にもありましたけど、初めに自分の視点から見るのは当たり前だけれど、そこから離《はな》れて「本当にそうなの？」「自分の見方、見え方は正しいの？」「それしかないのか？」っていうのを自分の意思で考えるような人になってほしいと思います。すごく大切な能力なんじゃないかなと思います。

加藤：「自分の意思を相手に伝えられるようになってほしい」と思います。視点を増やす、疑う、誇りと責任を持つ、相手のことを考える、確かにそれがベースなんですけれども、それに加えて、それをまとめながら相手に伝えられる力を持ってほしいと思います。もちろん考えるのも大事で、自分の意志を持つのも大事なんですけど、アウトプットができる人になってほしいと思います。

保護者《ほごしゃ》の願い

【参加者】
Sさん（卒業生と高校３年生の保護者）
Kさん（卒業生と中学３年生の保護者）

なぜ東洋大学京北中学校の受験《じゅけん》を？

Sさん：学校説明会のとき、先生方の表情《ひょうじょう》や声に熱意《ねつい》を感じました。また、立地《りっち》や新校《しんこう》舎《しゃ》の設備《せつび》にも大きな魅力《みりょく》を感じました。

Kさん：はじめに興味を持ったのは、入試《にゅうし》で過程点《かていてん》をつけてくれるというスタイルでした。問題を解《と》き、結果を導《みちび》き出す過程で、どう考えどう対応《たいおう》したのかを理解《りかい》しようと寄り添ってくださる姿勢《しせい》は未熟《みじゅく》な子どもにとって大きな支えになると思いました。

入試のときの印象《いんしょう》

Kさん：当時、保護者用控室に温かいお茶やお菓子《かし》が用意《ようい》され、廊下《ろうか》に待機《たいき》する先生は常に気遣《きづか》ってくださいました。寒くないですか、暑くないですか、いつでも声を掛けてくださいって。校長先生は各教室《かくきょうしつ》を回られて、今、お子さんたちは午後の特に過《か》酷《こく》な時間を頑張っています。お母さんたちは突《つ》っ伏《ぷ》して寝てくださっても構《かま》わないのでここでゆっくり休まれて、とにかく子どもたちを笑顔で迎《むか》えてあげてください。それが一番のねぎらいになりますから、と。涙が出そうでした。

Sさん：今もうるっとしてますね（笑）。

Kさん：してます（笑）。ああ、こういう学校だったらって思ったことでご縁《えん》が生まれたのかも（笑）。相手のことを思うということを大切にしている学校だと感じました。

入学してからのお子さんの変化

Sさん：小学生の頃よりも自分の意見を言えるようになり、自分の意志《いし》で行動するようになりました。哲学対話《てつがくたいわ》のおかげだと思っています。大人になっていくことで言語化《げんごか》もうまくなり、物事を客観視《きゃっかんし》している様子を見て哲学教育の意義《いぎ》を感じました。

Kさん：周りの人の気持ちを読み取って、自分ができることを考え行動することが多くなったと思います。うまくいかないことがあっても、その経験を生かして次の行動を考えたり、自分がこう変わったらできるんじゃないかと客観的《きゃっかんてき》に考えたりしているようでした。哲学の時間にいろいろな人の意見を聞いて考えるということを積《つ》み重ねてきたことが大きいのではないかと思います。

生徒はどんな子が多い？

Kさん：行事でやりたかった役に選ばれなかったとしても、また機会があるわ、と納《なっ》得《とく》しているように見えます。気持ちに余裕《よゆう》があって穏《おだ》やかな子が多いと感じます。

Sさん：これは得意《とくい》じゃなくてもこれは頑張れる、というように普段から周りとの関係で認められているからでしょうか。先生との関係も信頼《しんらい》で結《むす》ばれていると思います。

Kさん：よく勉強するし、あとは、保護者として学校に来たときに見かける生徒の振《ふ》る舞《ま》いがとても自然《しぜん》。無理にいい子に見せようとしているところがないと感じます。

Sさん：でも話しかければ丁寧《ていねい》に答えてくれます。６年間の教育が一貫しているから子どもたちもぶれないんだと思います。

東洋大京北生の未来に期待すること

Kさん：たくさんの経験《けいけん》をし、自分の考えを持って行動し、周《まわ》りに感謝《かんしゃ》する気持ちや思いやりを大切に成長《せいちょう》してほしいと思います。

Sさん：人間同士《にんげんどうし》としてお互《たが》いを理解《りかい》しようとする力は６年間を通して培《つちか》った力だと思います。親としては、子どもにはただただ幸《しあわ》せに過《す》ごしてもらいたいと思っています。

★アマビエさん、資料室へ

ここは誰《だれ》もいない静かな空間《くうかん》。東洋大学京北中学高等学校の歴史と息《いき》づかいが聞こえてきそうです。

アマビエさんは、おそるおそる扉《とびら》を開けてみました。

書棚《しょだな》にはたくさんの資料《しりょう》が並んでいます。

どんな資料があるのかな？

妖怪《ようかい》の力で、いろんな資料を呼び出してみるよ。

わたしの大好きな円了先生のことが書いてある本はあるかな。

待っていたように、書棚から一冊の資料が滑《すべ》り出てきました。そして、アマビエさんの目の前で、それはゆっくりと開きました。

井上円了《いのうええんりょう》の想い

学祖《がくそ》井上円了によって哲学館《てつがくかん》（現・東洋大学）や京北尋常中学校《けいほくじんじょうちゅうがっこう》（現・東洋大学京北中学高等学校）が創設《そうせつ》された明治時代は、封建体制《ほうけんたいせい》の価値観《かちかん》を一新する新しい社会の建設《けんせつ》期《き》であり、帝国大学《ていこくだいがく》以外にも多くの私学校が創設《そうせつ》されました。

しかし、哲学《てつがく》を教育の中心に据えた学校は哲学館《てつがくかん》と京北尋常中学校だけでした。近代《きんだい》へと大きく変貌《へんぼう》する社会の中で、次代《じだい》を担《にな》う若者たちへの教育に力を注いだ井上円了は、哲学を万人《ばんにん》に必要なものであると考えました。明治《めいじ》という時代の開化期《かいかき》にあって、社会の変化に即応《そくおう》する実用《じつよう》の学問《がくもん》ではなく、あえて哲学という物事《ものごと》の本質《ほんしつ》・根源《こんげん》を探究《たんきゅう》する学問《がくもん》を普及《ふきゅう》しようとしたのです。

「諸学《しょがく》の基礎《きそ》は哲学にあり」
円了先生は、新しい時代を担《にな》う人々にとって哲学が不可欠《ふかけつ》だと考えていたんだ。

現代《げんだい》の中高生《ちゅうこうせい》の姿《すがた》(2013年8月)

・学校が用意したカリキュラムが生活の中心(授業・行事・部活動《ぶかつどう》)
　→受《う》け身的《みてき》、思考《しこう》や価値観《かちかん》の制約《せいやく》
・テレビ・インターネットによって多くの情報(記号としての情報)に触れている
　→現実感《げんじつかん》に乏《とぼ》しい、傍観者的《ぼうかんしゃてき》・評論家的態度《ひょうろんかてきたいど》
・現実的な問題(受験《じゅけん》・就職《しゅうしょく》)などに追われる
　→実感《じっかん》を伴《ともな》う素朴《そぼく》な疑問《ぎもん》・生き方に関する疑問は置《お》き去《ざ》り

実学《じつがく》ではなく、あえて哲学が必要だと。
2015年4月、東洋大学京北中学高等学校はそれまでの男子校から共学《きょうがく》に生まれ変わったんだ。先生たちは、現代の生徒に合った新しい形を模索しながら中高6カ年のカリキュラムをつくり、2年をかけて準備を進め、全校で取り組む哲学教育をスタートさせたんだって。

ひらり。
私を読んで、というように、一枚のメモがアマビエさんの前に現れました。

やっぱり、明治時代とは大きく違うみたいだ。

・中高生ぐらいの年代の子どもたちはもともと哲学的なことを考えたいと思っている。

・「何のために勉強するの？」「友達って何だろう？」特に10代は矛盾《むじゅん》とか理不尽《りふじん》とか不条理《ふじょうり》とか、そういうものにさいなまれる時期。でも、そういう疑問に大人は「あとになればわかる」とか「今、目の前のことをしっかりやりなさい」などとはぐらかし、しっかり向き合ってくれることが少ない。「悩むことは大切なこと」だとは言ってくれない。（2013年10月）

情報はたくさんあるけれど、自《みずか》ら考えるという機会が少ないのかもしれない。

だから現代の中高生には哲学が必要だと先生たちは考えたんだね。

あ、また別のメモが現れたよ。

これは……先生たちの心の声を書き留《と》めたものかもしれないね。

中高生というのは本当は哲学したくなる年ごろ。大人になる前にあれこれ考えたり思い悩んだりして、自分の心を十分に耕《たがや》す時間なんだ。それなのに、目の前の課題をこなすことで精《せい》いっぱい。じっくりと自分の心に向き合う機会がない。

だから、哲学教育に力を入れることが必

要だと考えたんだね。

哲学は難しいものではなく、もともと人の心の中にあるもの。時代にかかわらず人間が求めているもの。東洋大学京北中学高等学校の哲学教育は、あえて、改めて、それに触れていこうとしているんだ。

「東洋大京北の哲学教育の目的と指針」ってどんなもの？

哲学教育は社会の要請《ようせい》や自身の生き方を俯瞰的《ふかんてき》にとらえ直し、より良いあり方を追求《ついきゅう》しようとする営みである。

・生徒自ら問いを立て、物事の前提《ぜんてい》から問い直すことでより良く生きることを追求する態度《たいど》を育む

・空論《くうろん》をもてあそぶことのないよう、生徒も教師も自らの体験に基づき、「血《ち》の通《かよ》った言葉」を語る

・知的探究《ちてきたんきゅう》のための安全な場所を「哲学する空間」として守る

哲学教育チャート図

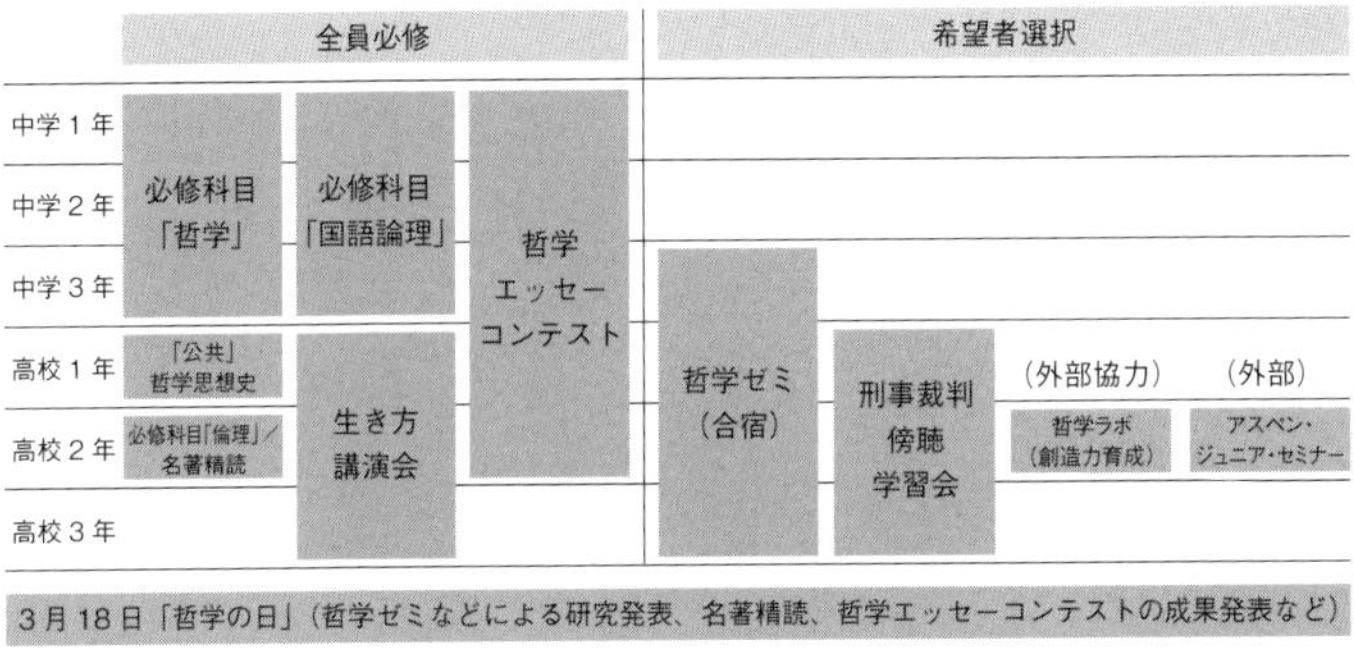

次に現れた資料は「哲学教育の指針《ししん》」。これは学校のホームページっていうところにも同じことが載《の》っているよ。

哲学の語源《ごげん》はギリシャ語のフィロソフィア、その意味は「知《ち》を愛《あい》する」ということである。これは知識の豊富《ほうふ》さ、博学《はくがく》さを指す言葉ではなく、あたりまえの日常に対して驚《おどろ》きや関心を持ち、あらゆる物事について前提《ぜんてい》から問い直し、真理《しんり》に迫《せま》ろうと「探究《たんきゅう》すること」を意味する。したがって哲学教育とは、既成《きせい》の哲学・思想についての知識も動員《どういん》しつつ、何事に対しても「なぜそのように言えるのか」「そもそも○○とは何か」「それ以外の考え方はありえないのか」と常に問い続ける姿勢《しせい》を育むことであると私たちは考える。

一般に「自分で考え、判断《はんだん》し、行動する」ことが大切

哲学教育のアプローチ

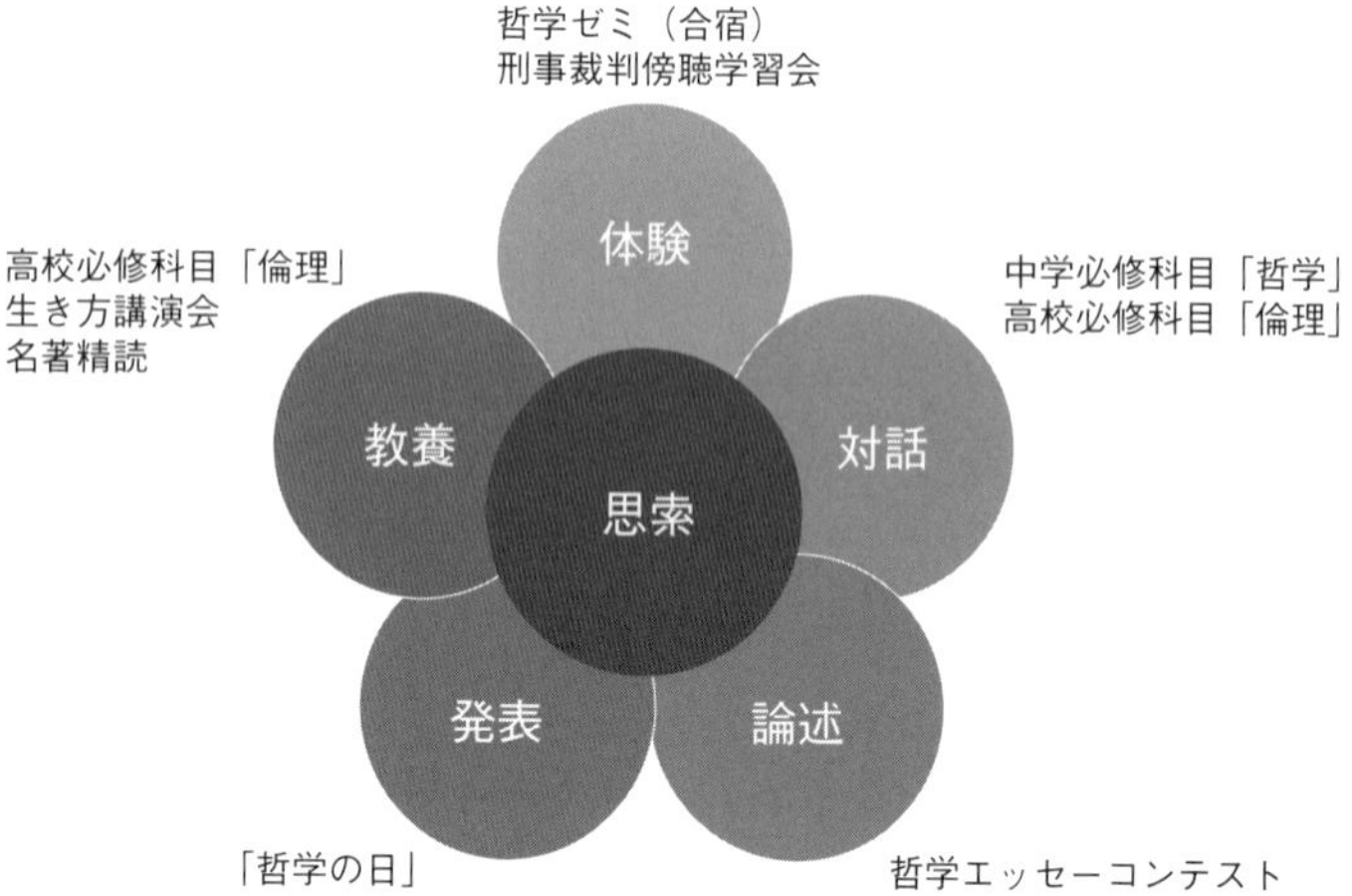

であるとは言われるものの、人は誰しも生まれ育った環境《かんきょう》や時代の影響《えいきょう》を受け、ややもすると狭《せま》く偏《かたよ》った視野《しや》に囚《とら》われてしまいがちである。したがって私たち一人ひとりの経験から導《みちび》かれる結論は、狭い世界に閉ざされた独《どく》断《だん》や偏見《へんけん》に陥《おちい》るおそれがある。こうした思考の囚《とら》われを乗り越えるために、先哲《せんてつ》の英知《えいち》と他者との対話によって自己の生き方や社会のあり方を俯瞰《ふかん》し、自ら価値観《かちかん》を陶冶《とうや》する力を育むことが、東洋大学京北中学高等学校の哲学教育の目的である。

ふわり。

資料室の中にきれいなお花が浮かび上がりました。色とりどりの花びらが、アマビエさんの前でゆっくりと開いていきます。

「哲学教育チャート図」「哲学教育のアプローチ」という文字も見えます。

本校の哲学教育のカリキュラムに、教養《きょうよう》（考える土台となる幅広い知識を身につける）、体験《たいけん》（机上《きじょう》の空論《くうろん》に陥《おちい》ることのないよう五感《ごかん》を使って学ぶ）、対話《たいわ》（他者《たしゃ》との対話を通して自己の思考《しこう》を相対化《そうたいか》する）、論述《ろんじゅつ》（考えを論述することで自己の考えを客観視《きゃっかんし》し、再検討《さいけんとう》する）、発表《はっぴょう》（他者との共有を可能にするよう内容を吟味《ぎんみ》する）の５つのプロセスをバランスよく配置する。これらの多様なプログラムをらせん状に繰り返し経験することで新しい気付きと思索を深め、一人ひとりが自分に合ったプロセスで哲学的思考を深めていくことをねらいとする。

より良く生きるために～自己と社会の変革《へんかく》

本校の哲学教育は、いわゆる哲学研究の専門家を養成《ようせい》するためのものではありません。二千数百年におよぶ哲学の知恵を活かして、すべての人により良く生きる可能性を拓く「生き方教育」としての学びです。その6カ年のプログラムで重視されているのは、主に以下の3つの要素《ようそ》です。

①「無知《むち》の自覚《じかく》」に基づき日常のふとした疑問や違和感《いわかん》をもとに自ら問いを立てること

②自己の生き方の前提《ぜんてい》となっている思考の枠組《わくぐ》みや概念《がいねん》を吟味《ぎんみ》し、再構築《さいこうちく》すること

③立場の異なる他者との対話を通して、より良い生き方・あり方をともに探究すること

21世紀を生きる生徒たちは、他者から指針が与えられるのを待つのではなく、不確実な未来に向けて自らの生き方を模索し、勇気を持って一歩踏み出す力を身につけなければなりません。そのための資質《ししつ》を養《やしな》うことこそ、哲学教育の意義であると私たちは考えます。

なるほど。
東洋大京北の哲学教育のことが改めてわかってきたよ。

資料室を出ると、アマビエさんは深呼吸《しんこきゅう》をしました。
円了先生が明治時代に学校を創ったときの願い。
現代の中高生のためにあえて哲学教育カリキュラムを立ち上げた先生方の熱意《ねつい》。
そしてそれを深め、さらに推進している先生方の想い。
哲学のたねを蒔く学校は、より良い未来を育てていく。
たしかな希望を胸に、アマビエさんは学校をあとにしました。

普段、当たり前だと思っている事を浮き彫りにする事だと思う。
新たな視点から物事を見ていく時間であると考えた。

人の考え方がわかる時間
自分と向きあえる時間

いつも使っていない、想像力の脳をつかって考える。

ことどくになること

精神を落ち着かせ、集中すること。

考えて、さらに考えて、考えるを永遠にする。

哲学対話は楽しい!…

・哲学的に見ることは将来きっと必要不可欠な物だからとても大事だと思う。
・哲学するというのは物事をあらゆる視点で見たり現実的に見たり本質を解きあかしていくのが哲学だと思う。

あたり前の毎日をよく見ること。

<東洋大京北中学生に聞きました>

あなたにとって『哲学する』とはどういうことですか?

哲学するとは、人が生きていく上で、大切なこと、分かっていかなければいけないことを考え話し合うこと。

私にとって「哲学する」ことはなくてはならないものだと思う

「哲学」は、答えがないから、話しあっているうち(又は考えているうち)に、
いつの間にかまた問いに戻ってしまう時がある(笑)
でも、考える前と後だと、心のモヤモヤがスッキリすると思う。
だから、ストレス解消になる!

初心に戻れる時間
人間として学ぶこと

「分からないこと」をもっと「分からなく」していくこと?

自分にとっては、他人(友達・先生)の意見が聞けるから、
こういう考え方もあるんだなぁと思える。
クラスにとっては、クラスのみんな(37人)の意見が聞けて、
クラスの中での意見交換が出来るから楽しい!?

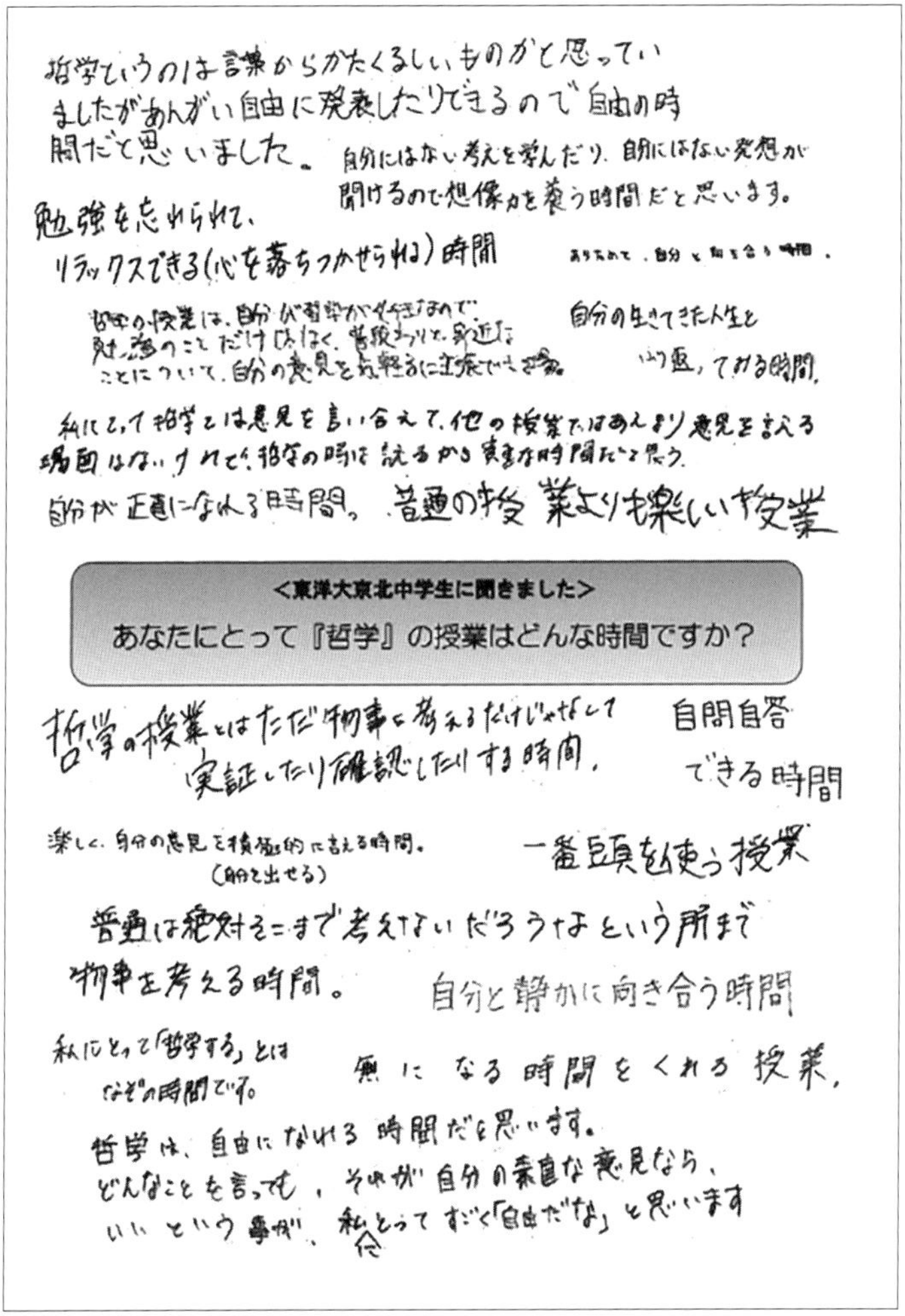
哲学というのは言葉からかたくるしいものかと思っていましたがあんがい自由に発表したりできるので自由の時間だと思いました。

自分にはない考えを学んだり、自分にはない発想が聞けるので想像力を養う時間だと思います。

勉強を忘れられて、リラックスできる（心を落ちつかせられる）時間

あらためて、自分と向き合う時間。

哲学の授業は、自分が哲学が好きなので、勉強のことだけではなく、普段すごした身近なことについて、自分の意見を気軽に主張できる授業。

自分の生きてきた人生をふり返ってみる時間。

私にとって哲学とは意見を言い合えて、他の授業ではあんまり意見を言える場面はないけれど、哲学の時は言えるから貴重な時間だと思う。

自分が正直になれる時間。

普通の授業よりも楽しい授業

<東洋大京北中学生に聞きました>

あなたにとって『哲学』の授業はどんな時間ですか？

哲学の授業とはただ物事を考えるだけじゃなくて実証したり確認したりする時間。

自問自答できる時間

楽しく、自分の意見を積極的に言える時間。（自分を出せる）

一番頭を使う授業

普通は絶対そこまで考えないだろうなという所まで物事を考える時間。

自分と静かに向き合う時間

私にとって「哲学する」とはなぞの時間です。

無になる時間をくれる授業。

哲学は、自由になれる時間だと思います。どんなことを言っても、それが自分の素直な意見なら、いいという事が、私にとってすごく「自由だな」と思います

エピローグ　sense of wonder

困難《こんなん》に出会ったとき、人々はどうやって乗り越えようとしているのだろう。
そもそも人の幸せとは。
より良く生きるとは。
わたしはこの大きな問いを考え続けていた。

表面に見えているものだけにとらわれず、立ち止まって考える。
答えのない問いに気付き、考え続ける。
そして人々と分かち合う。
与えられた生を、ひたむきに生きる……。

東洋大学京北中学高等学校で、わたしは学び続ける子どもたち、問い続ける教師たち、お互いを思いやり協力する思慮深き人々に出会った。

わたしはアマビエ。

みんなのおかげで「哲学する妖怪」になれているといいな。


「あ、円了先生！」

「アマビエさん、元気だった？　学校の体験は楽しかったかな？」

「はい！　これからも sense of wonder を探しに行きます！」

「そうだね。成長し続ける生徒と教師たちのことが私はとても楽しみなんだ。アマビエさんも、またいつでも遊びにおいで」

「はい！　ありがとうございます！」

円了先生とアマビエさんはゆっくりと、朗《ほが》らかに並んで歩いていきました。

厄災封《やくさいふう》じのため
わたしは必死に
頑張《がんば》ってきた
でも一方で
そんな日々に
追われるあまり
なんで?
どうして?
どうやって?
深く考えること
を忘れがち
だったのかも
東洋大京北での
体験はどうだった
かね?
考えて話して
分かちあう
なんだかすごく
豊かで素敵《すてき》な
時間でした
……
そう言って
もらえて
嬉《うれ》しいよ…!!
哲学対話でも
しながら
帰るとするか
アンパン
たべる?
たべます♪
いいですね!!
そうしましょう

おわりに

「諸学の基礎は哲学にあり」の精神を基として真理の探究をはかる青少年の育成に情熱を注いだ哲学者の井上円了博士が本校を創設して125周年。これを契機に、本校の教育の柱の一つである哲学教育の過去と現在の取り組みを整理し、世の中の皆様に知っていただき、さらにこれからの方向性を探っていくためにまとめたものが本書となります。

教員が絶えず試行錯誤しながら進めている本校の哲学教育ですが、世の中が変化しＡＩが急激に進化する中で、ますます重要度が増していると感じます。それは「答えのない問いに対して自ら考え、多くの人や書物、ＡＩ等と対話しながらさらに広く深く考えていく中で、自分の哲学をもつ」ことを繰り返すことが、「より良く生きる」ことに繋がっていくと考えるからです。ぜひ皆様にも、日常の生活の中で本校の生徒たちと同じように「哲学のたねを蒔く」ことで、ご自身のより良い生き方を追求していただけると幸いです。

最後になりますが、本書の企画・編集に際して、編集担当の戸田様をはじめとする学事出版株式会社の皆様、そしてアマビエさんに扮して取材と執筆をしていただいたライターの西田様には大変お世話になりました。心より厚く御礼申し上げます。

東洋大学京北中学高等学校　副校長　亀澤信一

東洋大学京北中学高等学校《とうようだいがくけいほくちゅうがくこうとうがっこう》

東京都文京区白山にある私立中学高等学校。民間への哲学教育の大切さを訴え、「哲学館」（現・東洋大学）を設立した哲学者井上円了により明治32年（1899年）「京北尋常中学校」として設立された。平成27年（2015年）東洋大学付属の共学校として再スタートした。哲学教育に根ざした教科教育・国際教育・キャリア教育・理数教育に力を入れている。
令和６年（2024年）創立125周年を迎えた。

〒112-8607 東京都文京区白山 2-36-5　03-3816-6211

〈公式ホームページ〉
https://www.toyo.ac.jp/toyodaikeihoku/

哲学《てつがく》のたねを蒔《ま》く学校《がっこう》

2025年３月18日　初版第１刷 発行

編　者　東洋大学京北中学高等学校
発行者　鈴木宣昭
発行所　学事出版株式会社　〒101-0051 東京都千代田区神田神保町1-2-5
電話　03-3518-9655（代表）　https://www.gakuji.co.jp

編集担当　戸田幸子　執筆協力　西田ひろみ　表紙・本文イラスト　パパ頭
装丁デザイン　水野七海　本文デザイン・組版・印刷・製本　精文堂印刷株式会社

ISBN 978-4-7619-3056-1　C3037